인류 문명의 발상지

메소포타미아를 찾아서

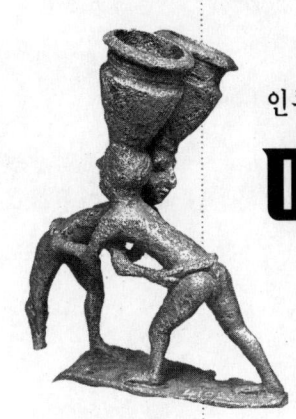

인류 문명의 발상지

메소포타미아를 찾아서

정 진 국 지음

혜안

머리말

　이란·이라크 전쟁이 막바지로 치달을 무렵 나는 15년간 종사해 오던 공직을 떠나 걸프 전이 발발하기까지 5년간 이라크에서 일하게 되었다.

　이라크는 고대 인류 4대문명의 발상지로서 옛날 메소포타미아 문명의 발상지가 아니던가. 나는 오래 전부터 역사와 지리에 흥미를 갖고 있었다. 옛 역사와 문화가 숨겨진 현장을 그냥 지나칠 수는 없는 일이었다.

　내 사무실에는 시보레 밴이 있었다. 차령은 13년. 훈련을 마치고 귀대하는 이라크 육군의 탱크를 정면으로 들이받아 파손된 것을 수리한 것이라 했다. 나는 기회 있을 때마다 시간을 내어 이 차를 타고 이라크 전역 구석구석을 답사했다.

　이라크는 오랫동안의 정정(政情) 불안과 일련의 전쟁 상황으로 폐쇄 상태가 장기화됨으로써 이 지역의 역사 유산과 주민들의 생활상은 현재 외부세계로부터 격리되어 있다.

　이러한 이유로 세계사에서 차지하는 중요한 비중에도 불구하고 우리에게서는 멀리 떨어져 있는 옛 메소포타미아 역사 현장의 모습을 생생하게 전하고, 보다 많은 사람들이 더불어 사는 이 지구촌의 또 다른 세계를 이해하는 데 조금이나마 도움이 되었으면 하는 희망에서 비록 빈약한 내용이나마 이 글을 쓰게 되었다.

　끝으로 이 책이 나오기까지 수고해 주신 여러분께 감사드린다.

1999년 4월 1일 저자

차 례

참고지도

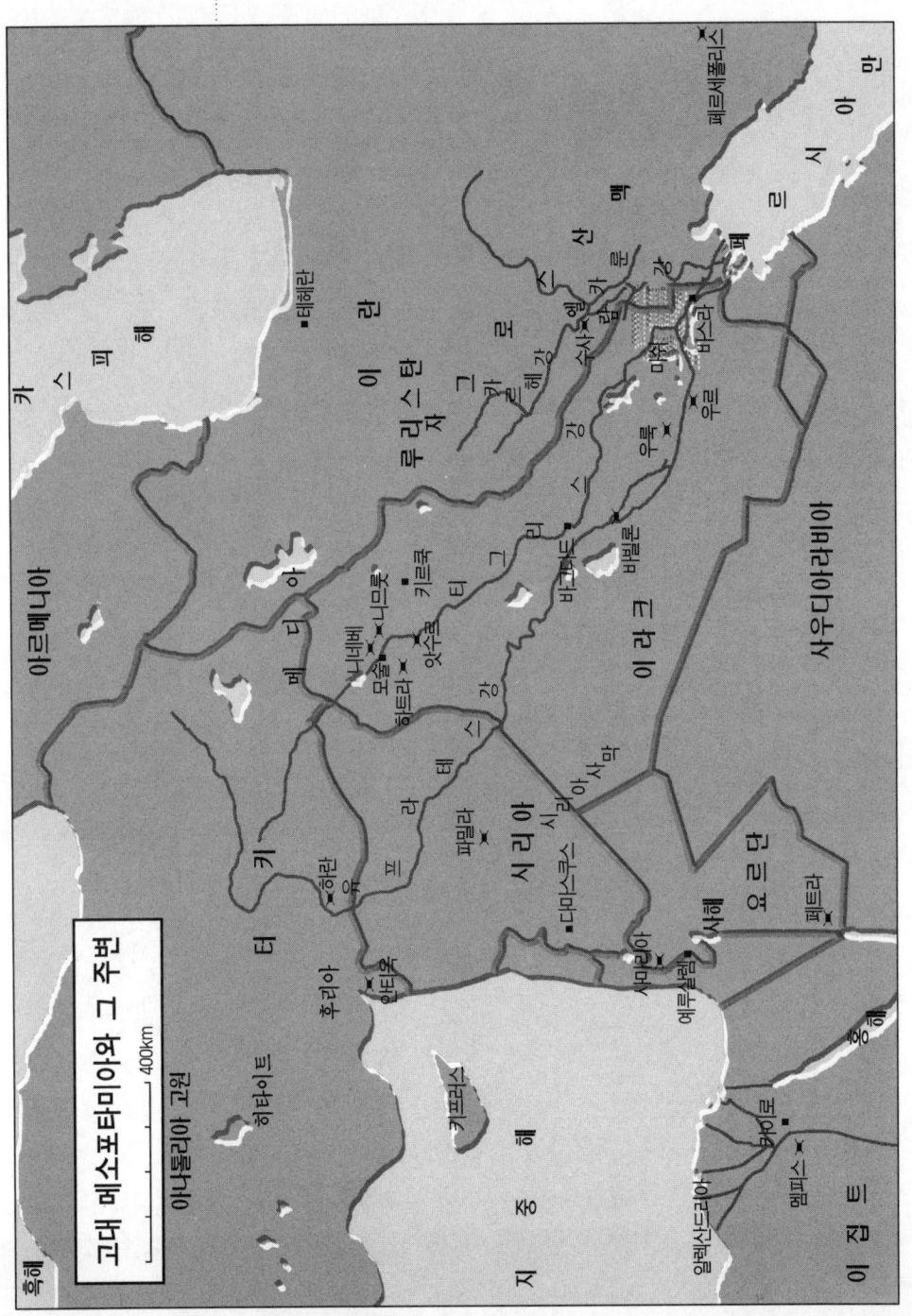

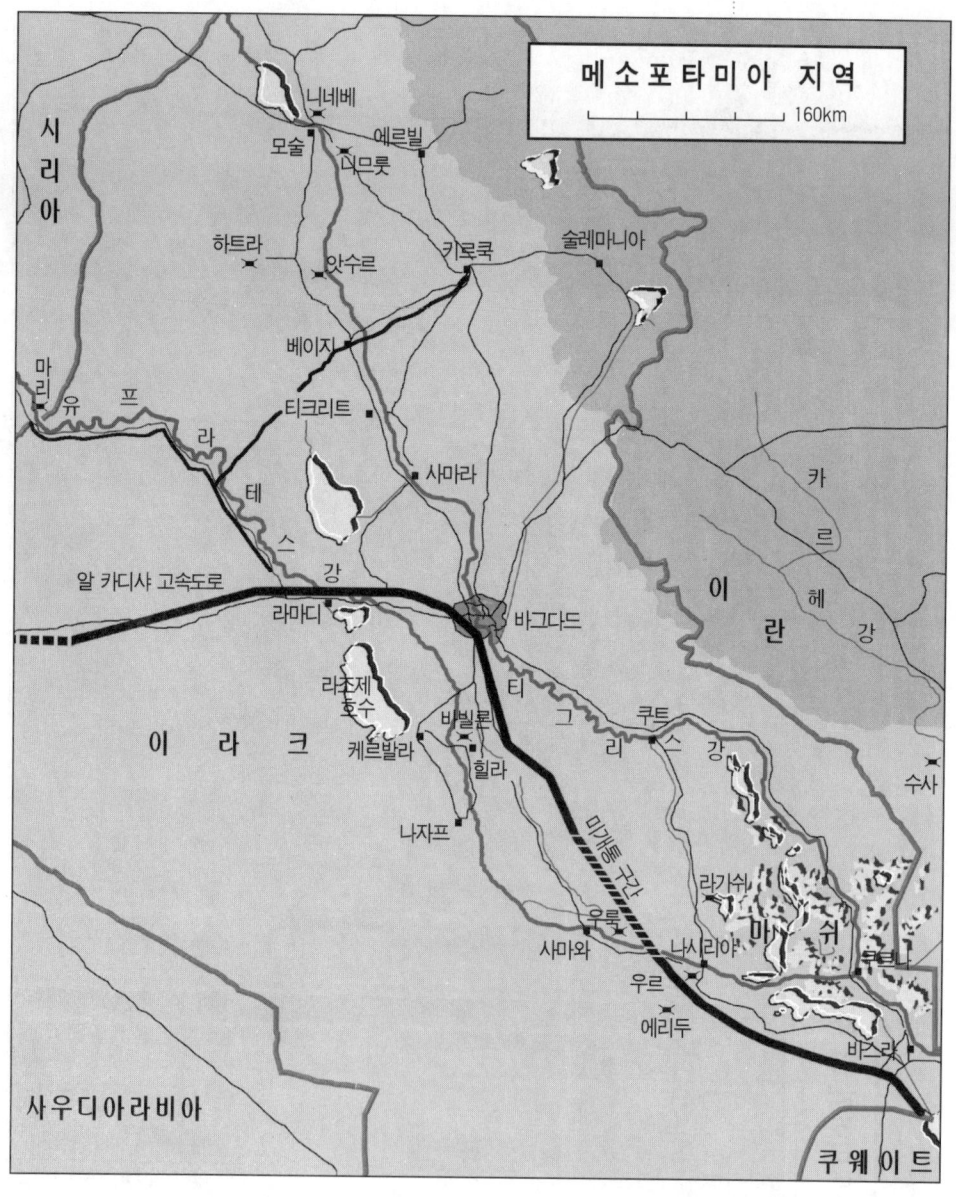

메소포타미아 지역

160km

시리아

니네베
모술
에르빌
님루룻
하트라
앗수르
키르쿠크
술레마니아
베이지
티크리트
사마라
마리
유프
라
테
스
강
알 카디샤 고속도로
라마디
바그다드
이란
카르헤강
라즈제
호수
바빌론
케르발라
힐라
티
그
리
스
강
쿠트
수사
이라크
나자프
라가쉬
우루
사마와
나시리야
마쉬
우르
에리두
바스라
사우디아라비아
쿠웨이트

소개의 말

지리적 상황

메소포타미아란 티그리스 강과 유프라테스 강 유역, 그리고 그 두 강 사이에 만들어진 초생달 모양의 지역에 비옥한 토질을 기반으로 하여 발달된 고대 사회 및 그 영역을 말하며 현재는 대부분 이라크의 영토에 속해 있다.

티그리스 강은 이 지역의 동쪽을 가로막고 북에서 남으로 길게 흐른다. 그 동쪽에는 3600m 높이의 힐쿠르드 산을 비롯하여 고산 준봉이 첩첩이 늘어서 있는 산악지대와 구릉지대가 있다.

유프라테스 강은 서쪽 사막지대를 비스듬히 가르며 동남쪽으로 흐른다. 강변에는 농경지도 볼 수 있고 심지어 논농사를 하는 곳도 있다. 두 강 사이에는 대평원이 펼쳐져 있어 천혜의 목초지로 이용되어 왔으나 지금은 황무지로 바뀌어 있다.

유프라테스 강 서쪽으로는 황무지와 끝없는 사막이 계속된다. 그리하여 서북지역은 해발 1090m의 시리아 사막으로 이어지고, 서남지역은 아라비아 사막으로 이어진다.

이 두 강은 마치 발레를 추는 여성의 형상을 하고 있다. 그러나 두 강에서 느껴지는 인상은 사뭇 대조적이다. 티그리스 강은 양떼를 모는 투박한 남성의, 유프라테스 강은 온화한 여성의 느낌을 준다. 탁한 색깔을 띠는 티그리스 강은 스스로 깎아 내린 구릉과 산등성이의 절벽 밑을 힘차고 요란스럽게 흘러내린다. 겨울 우기철에는 강둑을 넘쳐 흘러 마을을 휩쓸고 인명 피해를 내기도 한다.

반면에 가을하늘보다 더 푸르고 맑은 유프라테스 강은 끝없는 사막과 평지를 평화롭게 소리 없이 흘러간다. 사람들은 유프라테스 강물을 퍼 올려 농사를 지으며, 강변에는 줄지어 늘어선 야자수가 한 아름씩의 대추야자 송이를 주렁주렁 매달고 시원스레 잎을 뻗어 그늘을

메소포타미아에 풍부한 대추야자는 하늘이 주신 비상식량이다.

만든다. 두 강은 허리 부분인 바그다드 부근에서 불과 수십 km 거리로 접근한 후에 다시 멀어진다. 그리고 500km를 남쪽으로 더 흐른 후에 쿠르나에서 합쳐져 샤트 알 아랍 수로를 따라 아라비아 해로 흘러 들어간다.

역사

1) 선사시대

이라크 북부 및 동북 산악지대의 동굴과 서부 시리아 사막지대

에서는 20만 년 전 구석기 시대에서 신석기에 이르는 유물이 발견된다. 구석기 시대의 역사가 수백만 년에 이르는 한반도에 비하면 그 역사는 짧은 편이라고 할 수 있다. 중부 이남 지역은 기원전 7천 년경만 해도 바다 밑에 잠겨 있었다고 한다.

2) 수메르 시대

기원전 4500년경 에리두 왕국을 필두로 메소포타미아의 여러 곳에서 수메르 도시국가가 세워졌다. 국내의 많은 역사학자들은 이들이 우리 민족과 뿌리를 같이하며 우리의 옛 조상과 함께 오랜 옛날 유럽과 아시아를 가르는 우랄 산록을 출발한 12개 부족의 하나라고 주장한다. 이 주장과 관련하여 다음 몇 가지 점은 주목할 만한 것이다.

첫째, 1990년대 초에 서양의 어느 학자는 고대 수메르 인들이 한국어와 같은 계통의 우랄·알타이 언어를 사용했다고 발표한 바 있다. 그는 그 언어가 일본어와 같은 계통의 것이었다고 했는데 그가 만일 한국어를 알았더라면 한국어와 같은 계통이라고 했을지도 모를 일이다.

둘째, 기원전 2400년경에 묘사된 수메르 인들의 씨름 모습을 보면, 샅바를 틀어잡은 모습, 떨어져 있는 상대를 서로 거머쥐고자 팔을 뻗은 모습, 밭다리 걸기를 하는 모습 등이 우리의 전통 씨름과 다를 것 없음을 발견할 수 있다.

셋째, 기원전 2500년경에 조각된 초기 수메르 왕의 황금투구에

기원전 2400년경에 만들어진 수메르 인의 씨름모습. 머리 위의 단지는 각자의 직업을 나타내는 것으로 보이며 실제 경기에서는 사용되지 않았다 (카파지 출토).

는 상투집이 마련되
어 있고, 수메르의
사회에서 태어
나 수메르 왕
의 궁중에서 성
장함으로써 후에
수메르 궁중 복식
을 그대로 채용한
아카디아 제국의 정복
왕 사르곤 1세(기원
전 2350년)의 청동
두상(頭像)도 수메
르 왕의 황금투구와

기원전 2500년경
우르 제1왕조
메스칼람둑 왕의
황금투구

같은 모양의 상투를 갖고 있다. 그 위치가 머리 뒤쪽으로 이동되기
는 했으나 그것은 분명 상투임에 틀림없다.

수메르의 역사는 기원전 3천 년경에 일어난 대홍수로 일시 단
절되기도 했으나 키쉬 왕국을 필두로 다시 도시국가가 건설된 후
기원전 2003년 우르 제3왕국의 멸망으로 그 역사를 마감하게 되었
다. 이후의 메소포타미아는 수메르와 셈 계의 여러 종족들이 뒤섞
인 다종족 사회로 변모하고, 역사의 주도권은 셈 계의 종족에게 넘
어갔다.

3) 셈의 정복시대

아라비아에서 들어온 아카드, 아모리(바빌로니아), 앗수르(아시
리아) 등 셈 인들은 수메르 사회를 잠식하던 중 출중한 무력으로
수메르 사회를 무너뜨리고 차례로 메소포타미아의 주인이 되었

다. 그들은 강력한 군사력으로 북으로는 아르메니아, 남쪽으로는 이집트, 서쪽으로는 지중해 연안까지 정복하여 고대 역사의 거대한 강국을 건설하였다.

4) 페르시아의 천년 통치

기원전 539년, 바빌론의 황제가 군사를 이끌고 이집트로 출정한 사이에 페르시아의 키루스 왕이 비어 있다시피 한 바빌론에 무혈입성함으로써 천여 년에 이르는 페르시아 인의 메소포타미아 지배가 시작되었다. 기원전 331년 이후 그리스의 알렉산더 대왕과 그 부하 장군 셀레우쿠스 등 그리스 인의 195년에 걸친 통치 기간이 있었으나 페르시아의 지배는 다시 회복되었다.

5) 알라의 영광 '알 카디샤'

서기 637년 바그다드 남서쪽 200km 지점의 작은 마을 카디샤 근처의 사막에서 페르시아의 사산 군대와 이슬람을 앞세운 아랍의 군대가 결전을 벌여 페르시아 군이 거의 전멸되는 사건이 벌어졌다. 이것은 페르시아의 사산 왕조가 붕괴되고 메소포타미아에 새로운 아랍의 역사가 시작되는 계기가 된다.

6) 터키의 천년 통치

9세기 초 아바시드 즉, 아바스 왕조의 칼리프(초기 이슬람 세계의 수장 또는 왕)들은 터키 인 용병을 고용하여 이들에게 국방을 맡겼다. 그러나 오래지 않아 용병들의 위세는 주객의 위치를 전도시켜 칼리프는 터키 용병 장군의 지시를 따르는 신세로 전락하였다. 이 즈음 아시아를 휩쓴 몽골의 침입으로 서기 1258년 칼리프의 시대는 종말을 고하고 몽골의 통치가 80년간 계속되었다. 그 후 터키 인의 지배는 회복되어 1차 세계대전중인 1917년 영국군에 의하여 바그다드가 함락될 때까지 계속되었다.

7) 근세 이라크

1932년 영국은 주민들의 독립 요구를 이기지 못하여 아라비아에서 마호메트의 자손 중 영국의 뜻에 부합되는 1인을 찾아내 왕위에 오르게 하고 근세 왕정을 열게 하였다. 그리고 근세 왕정은 석유 이권을 영국 등 서구 열강의 기업에 넘겨 주었다. 이에 불만을 품은 군부는 1958년 7월 14일 쿠데타를 일으켜 왕정을 폐지하였다. 그 후 1963년 2월 8일 혁명과 1968년 7월 17일 혁명으로 집권한 바트 사회당은 1972년 6월 1일을 기하여 서방국 기업의 석유 자산을 몰수하여 이라크 내 모든 석유 자산의 국유화를 선언하였다. 그리고 1980년의 이란·이라크 전쟁, 1991년의 걸프 전쟁을 거쳐 현재에 이르고 있다.

15층 건물 높이의 바그다드 소재 이란·이라크전 전몰장병 추념비(우측의 작은 점은 사람)

기후

연중 4월부터 11월까지는 고온 건조한 날씨가 계속되며 사막을 휩쓸고 달려온 편서풍은 모래먼지를 잔뜩 싣고 와서 황사 현상을 일으켜 허다한 날의 대기를 탁하게 만든다. 그러나 3월의 대기는 청명한 날이 많다. 1년에 비를 동반한 모래폭풍이 5, 6회 있으며 그 중 2, 3회는 매우 격렬하다.

여름

6월부터 9월까지 계속되는 여름철 날씨는 비오는 날이 거의 없다. 기온은 바그다드에서 해뜨기 전이 섭씨 35도, 오후 기온은 섭씨 48도까지 올라가는 날이 많다. 그러나 서부의 시리아 사막과 동북 산악지대는 이보다 5~10도 가량 떨어진다.

이러한 고온에서도 사람들이 그런 대로 견뎌 낼 수 있는 이유는 고온 건조한 기후 탓이다. 건조한 공기가 인체의 피부와 그 주위의 수분을 왕성하게 증발시키는 과정에서 증발열을 흡수함으로써 체감 열기를 저하시키는 것이다. 따라서 이러한 고온에도 불구하고 사람들이 땀을 흘리는 모습을 보기는 매우 어렵다. 여름철에 제일 시원한 곳은 터키와의 접경도시인 작코.

가을

10월로 접어들면서 하루 최고기온은 섭씨 30도, 11월은 20도 안팎으로 수그러든다. 10월 20일쯤 되면 하늘에 구름 끼는 날이 점차 늘어나면서 이후에는 비를 뿌리는 날이 잦아진다. 9월부터는 햇빛 속의 붉은 색이 많아져서 카메라에 특별한 보정렌즈를 부착하지 않으면 촬영된 사진은 짙은 붉은 색을 띠게 된다.

겨울

12월이 되면 하루의 최저기온 섭씨 0도 안팎, 최고기온 섭씨 12도 안팎이 되며, 1월의 최저기온은 영하 5도까지 내려간다. 지역에 따라 영하 10도까지 내려가는 곳도 있다.

동북부 지역에 있어 겨울철은 우기에 해당한다. 물론 눈도 내린다. 겨울에 유난히 비가 많이 내리는 해에는 12월 초부터 이듬해 2월 말까지 거의 이틀에 한 번은 폭우가 쏟아지기도 한다. 그 때마다 도로가 침수되지만 비가 그친 후 한두 시간 후면 말끔히 물이 빠지곤 한다.

봄

3월은 생명이 약동하는 계절이다. 특히 지난 겨울에 비가 많이 내린 해의 봄에는 대지 끝까지 온갖 꽃과 풀로 뒤덮여 마치 기화요초로 엮은 카페트를 대지 위에 깔아 놓은 느낌이다. 그리고 그 위에서는 이름 모를 새들이 지저귄다. 청명한 날씨, 5~20도의 쾌적한 기온, 먼 옛날 여호와 신께서 이 땅이 아닌 그 어디에 에덴을 세울 생각을 할 수 있었겠는가 하는 생각이 든다.

그러나 이것도 잠시뿐, 4월이 되면 꽃들은 서둘러 씨를 퍼뜨린 후에 말라 죽을 준비를 한다. 4월의 기후는 황사 바람도 잦고 최고기온은 섭씨 25~30도, 5월의 기온은 그보다 10도 가량 더 높다.

민족 구성

메소포타미아는 동북 산악지대를 제외하고는 외부로부터 진입이 용이한 평지의 한가운데 위치해 있고, 고대 세계에서 중심지역으로서의 위치를 차지했던 관계로 개인적인 왕래는 물론이요 이 땅을 차지한 종족들의 진입과 퇴출이 또한 빈번하여 '세계의 광장'이란 별칭을 갖는 지역이다. 말수가 적고 필요한 경우가 아니면 남에게 먼저 말을 거는 일이 별로 없는 내가 이 지역에서 지내는 동안 간단한 대화나 수인사를 나눈 사람들의 국적을 보면 40여 개 국에 이른다. 물론 피차 외교관이 아니고 길거리, 관공서, 상점, 유적지 등지에서 마주친 사람들이다.

이렇다 보니 이라크의 국민도 다수 복합민족일 수밖에 없다. 이라크의 인구는 1,800만 명, 그 중 아랍인이 대략 75%로 다수민족을 이루며 쿠르드 인이 350만 명으로 19%, 그 밖에 터키 인, 칼데아 인, 아시리아 인, 시리아 인, 아르메니아 인 등이 있다.

내가 일하던 회사의 이라크 인도 종족별로는 아랍 인 남녀 5명, 쿠르드 아가씨 2명, 칼데아 인 남녀 3명, 아시리아 아가씨 1명, 아르메니아 여성 1명 등으로 다양했다.

그러나 이라크에서 국민 통합에 문제의 소지가 있는 종족 문제를 공공연히 입에 올리는 것은 금기로 되어 있고 한국에서 전라도 경상도를 거론하는 것 이상으로 상대방에게 불쾌감을 주거나 실례가 될 수도 있다.

이 지역에서 가장 오랫동안 터를 잡아 온 민족은 아시리아 인과 쿠르드 인이다.

아시리아 인

구약성서에서 앗수르 인으로 기록된 옛 아시리아(Assyria) 인의 후예로서 북부지역에 소수인구가 분포되어 산다. 이들은 지금 아슈리안으로 불린다.

쿠르드 인

쿠르드 인은 기원전 6세기 중엽 아시리아 말기에 이란 서북부 카스피해 남쪽에 강력한 메데 제국 즉 메디아를 이루었던 메데 인의 후예이다. 구약성서에 기록된 메데 인이 곧 이들이다. 쿠르드 인은 메디아가 붕괴된 이후 다시 그 영토를 확보하지 못하여 독립된 국가를 이루지 못하고 현재 이란 서북지역 쿠르디스탄 일대에 900만 명, 터어키에 700만 명, 이라크에 350만 명, 시리아에 100만 명과 아르메니아, 아제르바이잔, 기타 여러 나라에 모두 합쳐서 2,100만 명 이상으로 추산되는 인구가 흩어져 살고 있다.

근래 보도된 것에 의하면 이란에 550만 명, 터키에 1,200만 명, 이라크에 350만 명으로 되어 있으나 어느 쪽도 철저한 인구조사를 거친 것은 아니다.

이라크에는 메디아가 건국되기 훨씬 전인 기원전 2310년경 구티(Guti)라 불리는 옛 쿠르드의 한 부족이 동북 산악지대를 거쳐 현재의 키르쿡에 정착함으로써 메소포타미아에 처음 발을 내딛게 되었다. 구약성서에 기록된 구스 인은 이들을 지칭한 것으로 생각된다. 그 후 메디아가 신바빌로니아와 함께 아시리아를 협공, 멸망시키고 그 몫으로 모술 이북을 차지했고 당시의 거주 상황이 지금까지 유지되어 쿠르드 인은 현재 이라크의 11개 도(道) 가운데 산악지대로 이루어진 북부의 도훅 도, 동북지역의 에르빌 도, 동부의 술레이만 도 등 3개 도의 주민 거의 전부를 차지하며, 이라크 3대 도시 중 하나인 모술을 중심으로 한 니네베 도와 키르쿡을 중심으로 한 알 타밈 도 등 2개 도 주민의 각 1/2 이상을 차지한다.

칼데아 인

칼데아(Chaldea)는 구약성서에 기록된 갈대아를 말하며 남부 메소포타미아 지역을 가리키던 옛 명칭이다. 칼데아 인(Chaldean)은 옛 바빌론 사람으로 이해하면 된다. 칼데아 왕국으로도 불리는 신바빌로니아와 쿠르드의 메데 제국 즉 메디아가 연합하여 아시리아를 멸망시킨 인연으로 칼데아 인과 쿠르드 인의 우호적이고 협조적인 친분은 지금까지 유지되고 있다. 칼데아 인 중에는 기독교 신자가 많다. 이들은 지금 길다니안(Chaldeanian)으로 불린다.

아랍 인

공식적으로 아랍 인이 메소포타미아에서 그들의 사회를 형성한 기록은 기원전 150년경 메소포타미아 중북부 타르타르 평원에 세워지고 서기 241년에 멸망한 하트라 왕국에서 찾을 수 있다.

그러나 이 지역에서의 본격적인 아랍의 역사는 이슬람 세력의 확장과 함께 시작된다.

도로와 교통

1) 국내항공로

걸프 전 이전에는 바그다드—바스라 간에 매일 1, 2회의 항공기 운항이 있었다.

2) 고속도로

아라비아 만에서 요르단 국경과 시리아 국경까지는 알 카디샤 승전을 기념하여 '알 카디샤'로 명명된 약 1,300km 거리의 일급 고속도로가 연결되어 있다. 이라크 정부가 이란·이라크 전쟁중에 건설한 왕복 6차선의 이 고속도로는 한국의 현대를 비롯하여 독일, 일본의 건설회사들이 시공했으며 일부 구간은 걸프 전 당시까지도 완공되지 않은 상태였다. 통행량이 적은 아라비아만—바스라, 루트바—요르단 및 루트바—시리아 국경 구간은 왕복 4차선으로 되어 있다.

3) 국도

모든 국도와 지방도는 백 퍼센트 포장되어 있으나 왕복 2차선, 편도 1차선의 구간이 많다. 노후 자동차가 상당수를 차지하는 이 나라에서 적지 않은 차량이 도로 중간 중간에서 서행하는 관계로 서행차를 추월하는 과정에서 대형사고가 빈발한다.

이정표는 아랍어와 함께 영문으로 표기되어 있고 도로가 복잡하지 않아 외국인도 자동차 여행에 불편을 느끼지 않는다. 주요 대도시와 바그다드 간에는 고속버스가 운행되며, 걸프 전 이전에는 바그다드 ↔ 앙카라, 바그다드 ↔ 암만과 쿠웨이트, 사우디 아라비아 간에도 고속버스가 운행되었다. 그러나 전국 각지 구석 구석을 운행하는 대중교통 체제가 발달되어 있지 않아 자가용 자동차의 필요성을 느끼게 된다.

1번 국도(바그다드—모술) : 한국의 서울—평양 국도에 해당되는 자동차 전용 국도로서 편도 2차선에 왕복차선이 각각 분리되어 있다. 평균 주행속도는 시속 100km이며 통행량이 많다.

특히 중부 석유기지 베이지에서 터키 방향의 국경도시 작코에 이르는 구간은 수천 대의 터키 탱크로리가 석유를 실어 나르기 위하여 24시간 왕래한다. 이로 인하여 도로 위에 뿌려지는 석유와 환경오염이 대단하다. 이라크, 터키, 요르단이 서로 협의하여 속히 송유관을 부설할 필요가 있으나 그 실현은 요원한 형편이다.

2번 국도(바그다드—에르빌) : 바그다드—키르쿠크을 직선으로 연결하는 이 도로는 한국의 서울—함흥 간 국도에 해당한다. 도로

폭은 일부 구간이 왕복 4차선으로 확장되어 있는 곳도 있으나 대부분의 도로가 그렇듯이 왕복 2차선, 편도 1차선으로 되어 있다. 반면에 차량 통행량은 많다.

도로를 주행중인 차량 가운데는 주행 속도가 심하게 떨어지는 노후 차량이나 짐을 가득 싣고 힘겹게 굴러가는 화물차가 끼어 있기 마련이어서 불가피하게 주행 과정에서 계속적으로 앞차를 추월하며 달리게 된다. 이 과정에서 반대차선에서 고속으로 달려오는 차량과 정면 충돌하여 대형사고가 빈번하게 발생하므로 위험 도로로 지목되는 도로이기도 하다.

3번 국도(동북산악—이란 행) : 에르빌—샤클라와—라윳

4번 국도(술레마니아 관통 용) : 키르쿡—술레마니아

5번 국도(이란 행) : 바그다드—바쿠바—중부 이란

6번 국도(아라비아 걸프 행) : 바그다드—쿠트—바스라—걸프

7번 국도(6~8번 국도 연결용) : 쿠트—나시리야

8번 국도(쿠웨이트 행) : 바그다드—바빌론—바스라 남부

9번 국도(성지순례 행) : 무사이브—케르발라—나자프

10번 국도(요르단 행) : 바그다드—라마디—루트바—요르단

11번 국도(남부 시리아 행) : 루트바—시리아

12번 국도(유프라테스 수로 변) : 라마디—히잇—시리아

4) 철도

① 오리엔트 특급(이스탄불—바그다드) : 1차 세계대전 후 이스탄불—바그다드를 잇는 오리엔트 특급열차가 있었으나 궤도가 협궤철로로 되어 있고 이름처럼 특급 속도를 내지 못하여 현재는 소량의 화물을 수송하며 겨우 명맥을 유지하고 있다.

② 남부철도 (바그다드—바스라)

③ 서부철도(히잇-시리아) : 12번 국도의 유프라테스 강을 따라
  건설된 전철
④ 북부철도(하디타-베이지-키르쿡) : 서부철도와 북부 중심도
  시 키르쿡을 잇는 230km의 전기철도로 정우, 현대 컨소시엄이
  시공했다.

공항에서

서울을 출발한 지 14시간이 지난 현지시각 저녁 8시 30분경 내
가 탄 KAL 항공기는 아라비아 해 수평선에 떨어지는 석양을 바라
보며 중간 급유를 위하여 1시간 예정으로 바레인 공항에 기착했
다. 둥그런 지붕 위에 뾰족한 첨탑이 서 있는 회교사원과 이 동네
저 동네 사원에서 확성기를 통하여 요란하게 저녁공기를 가르며
퍼져 나오는 회교 성직자의 저녁 코란 낭송이 여기가 알라의 땅이
며, 이제부터 알라의 세계가 시작됨을 알려 준다.

냉방장치가 돌아가는 공항청사 대기실 탁자 위에 놓인 영자신
문을 집어들었다. 이라크의 날씨가 상당히 덥다던데 하며 날씨를
살펴본다. 신문에는 중동 여러 나라 주요 도시의 최고기온이 나와
있다. 처음에 나는 무엇이 잘못된 것이 아닌가 하여 눈을 씻고 다
시 찬찬히 신문을 들여다 보았다. 내가 내려야 할 행선지 바그다드
의 최고 기온은 48도였다. 그리고 온도는 분명히 화씨($°F$)가 아닌
섭씨($°C$)라고 명시되어 있었다.

목욕탕 물 수온이 40도만 되어도 뜨거워서 발을 담그지 못하는
형편인데 48도라니 이것은 완전히 불통 속에서 사는 셈이 아닌가.
내가 전생에 연화지옥에서 살아야 할 죄라도 지었던가. 마음 속으

로 걱정을 하며 밤 11시경 바그다드 공항에서 항공기 승강구를 나서자 마치 용광로 화입구(火入口)에 던져진 듯 갑자기 엄습한 뜨거운 열기에 잠시 숨이 막힌다. 그러나 이내 사막의 여름밤 뜨거운 공기에 익숙해진다. 견딜 만했다.

전쟁중이라서 공무원인 공항 직원들도 모두 군복을 착용하고 있었다. 둥근 곡선을 그리며 쭉쭉 뻗쳐 있는 공항청사의 천정하며 밤하늘에 울리는 아랍의 가요가 이국적 향취에 흠뻑 취하게 한다.

공항을 나오면서 얼마간 필요한 돈을 '디나르'로 바꾸고자 환전창구에 줄을 섰다. 누구인가 중얼거리듯 작은 소리로 흘리며 지나간다. "돈 바꾸는 일은 급하지 않아요." 그의 말에 따라 서너 명이 줄을 서 있는 환전창구 앞을 떠난다.

이라크의 환율은 고정환율제이며 당시 공정환율로는 3.3달러가 1디나르에 교환되었다. 따라서 환전창구에 100달러를 내면 30디나르를 환전받게 된다. 디나르의 화폐가치가 이렇듯 외형적으로는 상당히 높은 듯 보였으나 이것은 석유 수출이 잘 되고 전쟁으로 인하여 많은 외화수요가 터져 나오기 전의 얘기였다. 잠시 후 나는 민간 달러시장에서 100달러가 100~120디나르와 교환된다는 것을 알았다.

그리고 해가 바뀌면서 100달러로 바꿀 수 있는 디나르 금액은 점점 높아져서 걸프 전 발발 후에는 1,000~1,500디나르로 치솟았다는 보도도 있었다. 물론 사적인 외환거래는 경찰의 단속에 적발되면 공정환율법 위반으로 처벌된다. 그러나 공적인 환전창구에서조차 디나르는 달러와 교환되지 않으므로 민간의 달러 암거래는 근절될 수 없다.

공항청사 밖으로 나오니 귀국 항공기 시간을 기다리는 듯 군데군데 자리를 깔고 누워 있는 이집트 근로자들이 보인다. 이집트 인은 검은 피부에 검고 짧은 곱슬머리를 하고 있기 때문에 멀리서도 쉽게 구별이 된다. 이집트와 이라크 간에는 비자면제 협정이 체결되어 있어 이집트 인들은 수시로 식당, 카페, 주유소 등의 일자리를 찾아 이 나라를 드나든다고 한다.

청소부, 공사장 인부, 잡부 등 힘들고 더러운 직종에서는 수단, 에티오피아 등지에서 온 흑인들을 쉽게 볼 수 있었다. 이 나라 도시민들은 중세 아라비아 상인들의 후예답게 대부분 상업에 종사한다. 시골에서는 고대 이래 이어 온 양치기가 주종을 이룬다. 엔지니어 직종이 새롭게 부상하여 젊은 여성들에게 선망의 대상이 된 것은 근래의 현상이다.

입국 수속을 마치고 시원스러운 대추야자 나무가 그림처럼 가득 들어차 있는 3km의 멋진 도로를 달려 공항을 빠져 나온다. 왕대추 세 배 크기의 대추야자는 이라크에서 유일하게 풍부한 식품이다. 대추야자 한 송이를 따면 바구니에 가득 찬다. 이 지역에 서 있는 대추야자 3,300만 그루에서 생산되는 대추야자의 생산량은 연 35만 톤으로 전 세계 생산량의 40%를 차지한다. 대추야자는 직접 식용으로 이용되기도 하고 당도가 매우 높아 과자 또는 아락이라는 막걸리 모양의 독한 토속주 원료로 사용되기도 한다.

여름에 갈증이 심할 때는 뜨거운 샤이 즉 홍차를 마신다. 이른바 이열치열의 비법이라고나 할까. 찻집에서는 이란의 호메이니옹과 용모가 비슷한 60대 후반의 할아버지가 소주잔 모양의 찻잔에 마대자루, 부스러기 등 이물질이 섞인 왕소금 모양의 설탕을 듬뿍 넣은 다음 펄펄 끓는 뜨거운 물을 부어 샤이를 탄다.

머리에 터번을 동여맨 60대의 카페 주인은 한 손으로 연신 담배를 뻐끔거리며 다른 한 손으로 찻잔을 잔대에 받쳐 손님에게 내어준다. 페인트가 거의 다 벗겨져 때묻고 삐꺽거리는 긴 나무의자에서 무릎에 두 손을 단정히 올려놓고 앉아 있던 손님은 찻잔을 받아 뜨겁고 건조한 날씨에서도 김이 무럭무럭 피어오르는 샤이를 잔대에 조금씩 따라 후후 불면서 마신다. 평평한 접시 바닥에 홍차 물이 퍼지게 되니 아무리 뜨거운 날씨라 할지라도 샤이는 금방 마시기 좋을 정도로 식게 마련이다.

날씨는 후끈거리고 더워 갈증은 타오르는 듯한데, 찻잔은 작다보니 차를 연속 두 잔 마시는 경우가 드물지 않다. 세 잔을 한자리에서 마신다고 해서 흉이 될 일도 아니다. 여러 사람의 입을 거친 찻잔과 잔대는 몇 번 사용했는지 알 수 없는 설거지물에 두어 번 흔들어 다시 사용된다. 찻잔 닦는 모양을 본 후 나는 찻집에서 샤이를 마시지 않게 되었다. 샤이는 한 잔에 150원 꼴이었다. 그러나 아무라도 자주 마실 수 있는 형편은 아닌 듯했다.

아무리 아랍어를 모르는 외국인이라 할지라도 이라크에서 짜증스러울 정도로 자주 듣게 되고 또 제일 먼저 그 뜻을 터득하게 되는 단어가 바로 '마쿠'(없다라는 뜻으로 반대말은 '아쿠')이다. 그러다 보니 없는 사람들에게 아무래도 이 쪽에서 무엇인가를 베풀게 되고, 그래서 그 다음으로 자주 듣게 되는 말이 '슈크란'(땡큐)이다. 언젠가는 황야의 도로에서 차가 고장나 갓길에 세워 두고 80km 떨어진 정비공장에 가서 정비공을 불러와 보니 그 사이에 누군가가 오른쪽 후사경을 떼어가 버렸다. 나는 그가 양쪽 후사경을 몽땅 떼어가지 않고 그에게 필요했을 오른쪽만 떼어간 것을 고맙게 생각했다.

언젠가는 수단에서 왔다는 아랍인을 만난 적이 있었다. 수단이라면 생각나는 것이 아프리카 흑인의 나라, 그 수도 하르툼(Khartum), 그리고 오래 전 드라마를 통해 알게 된 19세기 영국의 찰스 조지 고든 장군 등이다. 고든은 토착 수단 인을 지휘하여 본국의 철수 명령에도 불구하고 아랍인의 공격에 맞서다가 하르툼 함락과 함께 최후를 마친 사람으로 영국에서는 거의 신격화되다시피 대단한 추앙을 받는 사람이다. 하르툼에는 그의 동상이 서 있다고 한다.

그 아랍인에게 아프리카 흑인의 나라 수단에 웬 아랍인이냐고 했더니 그것은 모르는 말이고 수단은 아랍인의 나라란다. 인구도 아랍인이 많고 언어도 아랍어가 공용어라는 것이다. 아프리카 흑인은 멀리 시골 구석에나 가야 볼 수 있다고 했다. 그는 또 이라크에서 흔히 듣는 '마쿠' 라는 용어는 정통 아랍어가 아니라고 말한다. 정통 아랍어에서는 있다는 뜻의 피, 없다는 뜻의 마피라는 용어가 사용된다는 것이다.

1. 에덴의 옛 터 쿠르나

네 개의 강이 갈라지는 곳

구약성서에서 언급된 에덴동산은 어디에 가면 찾을 수 있을까? 창세기에 기록된 바에 의하면 태초에 하나님이 인간을 창조하시고 그를 위하여 네 개의 강이 갈라지는 동방의 에덴에 동산을 창설하셨다고 되어 있다. 그러면 그 네 개의 강은 무엇 무엇이며, 그 네 개의 강이 갈라지는 곳은 어디란 말인가. 이에 대하여 성경은 다음과 같이 네 개의 강을 밝히고 있다.

첫째의 이름은 '비손'이라 금이 있는 '하윌라' 온 땅에 둘렀으며 …… 둘째의 이름은 '기혼'이라 '구스' 온 땅에 둘렀고 …… 셋째의 이름은 '힛데겔'이라 '앗수르' 동편으로 흐르며 …… 넷째의 이름은 '유브라데' 더라.

여기서 먼저 세번째 항목에 나오는 '앗수르'는 성경에서 최초로 거론되는 지명으로 아시리아의 첫번째 왕도(王都)이며 내가 열세 번이나 찾았던 곳이다. '앗수르'의 북쪽 절벽 밑에는 티그리스강이 요란한 소리를 내며 힘차게 동쪽으로 흐른다. 바로 티그리스

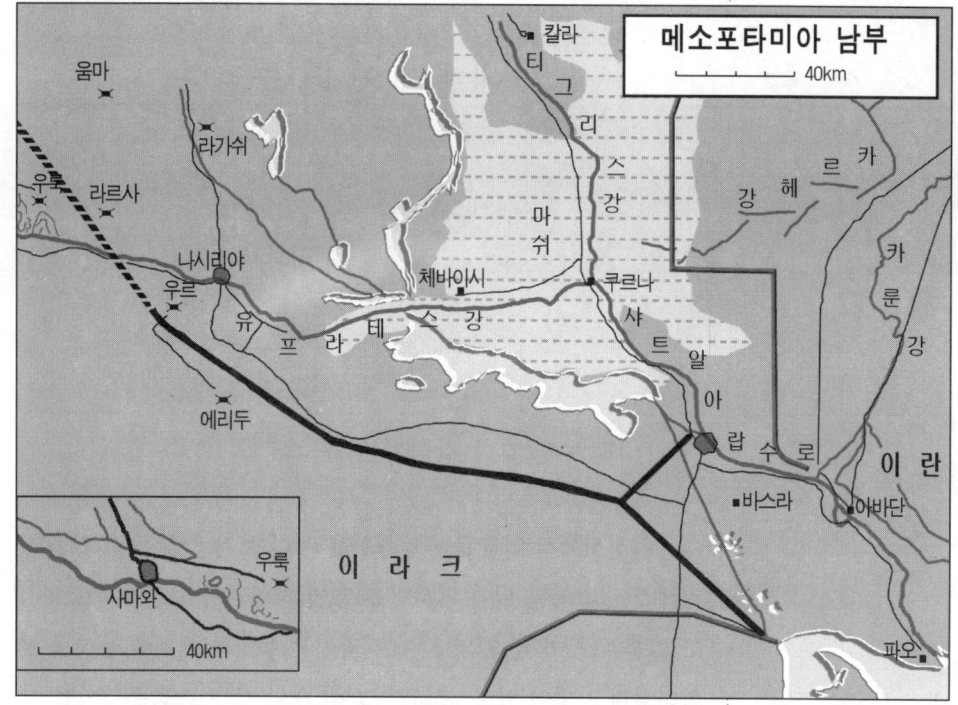

강을 옛날에는 '힛데겔'이라 불렀던 것이다.

'힛데겔'과 만나는 네번째의 '유브라데'가 지금의 유프라테스 강을 말함은 어렵지 않게 알 수 있다. 성경의 기록 방식은 대소(大 小), 장유(長幼) 유서(有序)의 원칙이 고수되고 있어 첫번째의 '비 손' 강이 네 개의 강 중에서 가장 클 것임을 짐작하게 한다. 따라서 그것은 다른 모든 강물이 합쳐져 흐르는 지금의 '샤트 알 아랍 수 로'임을 알 수 있다. 이제 남은 것은 두번째의 '기혼' 강이다.

이란의 서부지역에는 루리스탄 고원지대를 병풍처럼 두르듯 감 싸 흐르는 카르헤(Karkheh) 강이 있다. 이 강은 현재 중류쯤에서 수로 변경으로 카룬 강이 되어 남부 이란으로 흐르고 있으나 퇴화 된 강의 한 줄기는 지금도 드넓은 갈대지역을 헤치고 쿠르나 북쪽

5km 부근까지 그 흔적을 남기고 있다. 지도 판매가 금지된 이 나라에서 오래 전에 인쇄된 옛 지도를 보면 퇴화된 수로의 명칭을 'Kakhen' 으로 표기하고 있다. 이 지역 쿠르드 인 또는 이란 인은 kh 음의 k를 묵음화해서 발음하지 않으며, a 음은 e 또는 i 음으로 혼용되어 젊은 층은 '케헌', 노년층은 '키헌' 이라고 발음한다. 이 키헌 강이 두번째의 '기혼' 강인 것이다. 그리고 이들 네 개의 강은 쿠르나에서 갈라진다. 쿠르나에는 '에덴' 의 옛 터였다고 전해지는 '아담 파크' 가 있다.

쿠르나의 '아담 파크'

6번 국도를 따라 바그다드에서 남쪽으로 463km를 달리면 인구 2천여 명 안팎의 작은 읍 쿠르나(Qurna)에 닿게 된다. 바스라에서는 6번 국도를 따라 북쪽으로 76km 거리가 된다.

마을의 남쪽에는 폭 500여 m의 유프라테스 강이 울창한 대추

티그리스와
유프라테스 두 강의
합류점

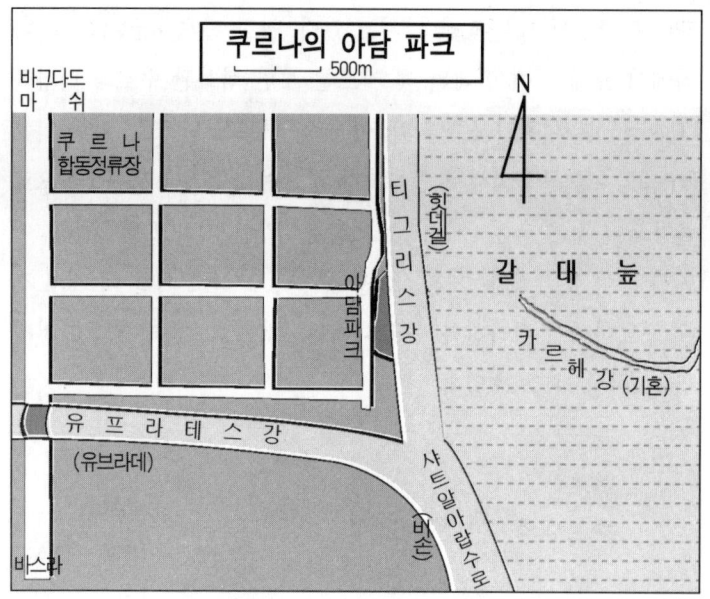

야자나무에 둘러싸여 동남쪽으로 유유히 흐른다. 티그리스 강 쪽
으로는 갈대밭이 동쪽으로 끝없이 전개된다.

이른 아침에 티그리스와 유프라테스 강의 합류점에서 강물을
바라보면 마치 태초의 강물이 지금 다시 흐르는 듯 물빛은 깨끗한
푸른색에 연분홍 아침 햇살을 머금어 맑은 옥빛을 띤다.

마을에는 시멘트로 지은 2층 슬라브 주택과 두터운 흙벽돌 가
옥들이 동쪽 가로변을 따라 1km 길이로 늘어서 있다. 유프라테스
강 위로는 초생달처럼 둥근 교량이 걸쳐져 있다. 이 교량 북쪽 강
변도로를 따라 300여 m 동쪽으로 들어가면 어렵지 않게 티그리스
강변의 자투리 땅 '아담 파크'에 닿는다.

'아담 파크'는 길이 60m, 폭 20m의 카누 모양 길쭉하고 조금은
어울리지 않는 느낌을 주는 300평 남짓한 넓이의 작은 시골 공원
이다. 분명 내가 생각했던 에덴동산은 아니다. 아마도 강물이 점차

서쪽으로 몰리면서 본래의 에덴동산은 유실되고 변두리 자투리 땅이 이렇게 남게 된 것일지도 모른다고 생각하기로 한다.

이 곳 안내원은 '아담 파크' 가 옛날 아담과 이브가 살았던 곳이 며 다른 곳에서는 보기 드문 종려나무도 아담이 심은 나무가 퍼져 서 자라게 된 것이라고 덧붙인다.

공원 안에는 별로 크지 않은 종려나무가 한 그루 서 있고 그 앞 에 동판(銅版)이 놓여 있다. 그 옆 강변 블럭 담장에도 같은 모양의 동판이 걸려 있다. 동판에 새겨진 내용은 간단하다.

유프라테스와 티그리스 두 강이 만나는 성스러운 이 곳에 우리 의 조상 아담의 신성한 나무가 이 땅의 낙원 에덴을 상징하듯 서 있다. 기원전 2천 년경 아브라함이 이 곳에 와 경배하다.

두 대의 전세 관광버스에 분승하여 이제 막 도착한 영국의 노년 층 관광객 수십 명이 안내원의 설명에 귀를 기울이며 조심스럽게 여기저기를 살펴본다. 6, 7세부터 10여 세 나이의 귀여운 어린이들

아담 파크의 내부

이 관광객들의 카메라 앞에서 마치 훈련받은 배우처럼 멋있는 천사의 포즈를 취해 준다.

아담 파크에서 300여 미터 떨어진 마을의 남단에는 오래 전에 지은 듯한 관광호텔이 눈 앞에서 유프라테스와 티그리스 두 강이 합쳐져 샤트 알 아랍 수로를 따라 흐르는 모습을 지켜보며 서 있다.

건물 주위에는 수령이 100년은 넘을 듯한 종려나무 고목도 몇 그루 서 있다. 호텔의 위치는 썩 좋은데 어찌된 일인지 오랫동안 사용된 흔적도 없이 관리되지 않은 채 비어 있다. 이렇게 훌륭한 관광자원을 썩히고 있다니 애석한 일이다.

쿠르나를 떠나며 문득 아담과 이브가 살던 시대는 과연 어느 때일까 생각해 본다. 학자들은 기원전 7천 년경까지만 해도 북부 중심도시 키르쿠 가까운 지역까지 바다에 잠겨 있었다고 말한다. 실제 중남부 메소포타미아 지역에서 출토된 유물은 중부의 기원전 6천 년경, 남부의 경우 기원전 4500년경의 유물이 가장 오래 된 것으로 판명되고 있다는 점을 고려하면 이들의 생존 시기도 그 범위에서 크게 벗어날 수는 없을 것이다.

성서 연대표에 의하면 아브라함이 기원전 1995년에 출생했고 그가 태어나기 이전에 그의 가계(家系)는 1,946년을 이어 온 옛 기록이 있다고 한다. 이 경우에 아담은 아브라함이 태어난 시기 기원전 1995년에 아브라함 이전의 역사 1,946년을 합한 기원전 3941년에 태어난 것으로 된다. 이 시대는 남부지역에 최초의 수메르 왕국 에리두가 성립되는 등 초기 수메르 사회가 형성되는 시기여서 이 경우에는 다른 사람들이 아담보다 먼저 에덴 주변에 자리잡고 살았을 수 있다.

두번째는 가계보를 이용하는 방법이다.

구약성경에는 아담과 이브 자손들의 가계보가 기록되어 있다. 이 가계보에 근거한 계산에 의하면 아담이 출생한 후 1,656년 뒤에 대홍수가 있었다. 아담이 기원전 3941년에 출생했다면 대홍수는 기원전 2285년에 있었던 것이 된다. 이 시기는 셈 계의 아카드 제국이 메소포타미아의 모든 수메르 도시국가를 포함하여 중동 일대를 정복함으로써 대제국을 건설한 융성기이며 문자를 사용하여 역사적 사실을 기록하던 시기에 해당한다. 그러나 이 시기에 대홍수에 관한 기록이나 자료는 발견된 것이 없다.

아담의 가계보에는 아담 이후 자손들이 2세를 출산한 시기가 명시되어 있어 세대별 기간을 알 수 있고 그 기간을 합산하면 아담이 출생한 시기를 계산할 수 있도록 되어 있다.

문자도 없던 시대에 천년 이천년 이상의 기간 중 구전(口傳)되어 온 이야기를 근거로 하여 그들의 시대를 미루어 본다는 것이 무의미한 것일 수도 있으나 다른 면에서는 개략적이나마 보다 합리적인 상상을 가능케 한다는 점에서 흥미있는 일이 될 것이다.

아담의 출생 시기를 미루어 보는 데는 서력 기원의 기준이 되는 예수 탄생 기원년→노아 홍수기, 노아 홍수기→아담 출생기의 2단계로 나누어 볼 수 있다.

1) 예수 기원년→노아 홍수기

아담의 역사를 계산해 보기 위해서는 무엇보다도 노아의 대홍수가 언제 있었는가 하는 것이 열쇠가 된다. 여러 가지 역사적 자료들은 기원전 3천 년경에 수메르의 모든 도시국가들을 쓸어 버림으로써 일시적으로 메소포타미아의 역사를 단절시킨 전무후무의 대홍수가 있었다고 말해 준다. 기원전 2650년 우룩의 제5대 왕인 영웅 길가메쉬는 이 홍수를 노래한 것으로 추정되고 인류 최초의 것으로 알려진 서사시를 지었는데 길가메쉬의 서사시로 유명한 그 내용은 구약성서에서 묘사하는 노아의 홍수와 같은 것이었다. 그렇다면 노아의 대홍수가 기원전 3천 년경에 있었다고 가정해도 무리가 없을 것이다.

2) 노아 홍수기→아담 출생기

아담과 그 자손들은 대홍수까지 10대가 이어지는데 그들은 현대인의 10배에 달하는 수명을 누렸고 대부분 100세가 넘어서 2세를 보았다. 가령 아담의 경우에 그는 130세 때에 2세의 출산을 보았다. 즉 아담의 세대는 130년이라고 할 수 있다. 다만 노아의 경우에는 2세 출산 후 600세가 된 해에 홍수가 있었으니 그 햇수를 계산하기로 한다. 이런 식으로 아래와 같이 계산할 때 아담 출생 후 노아의 홍수기까지는 1656년이 된다.

	2세 출생시기	수명
① 아담	130세	930세
② 셋	105세	902세
③ 에노스	90세	905세
④ 게난	70세	910세
⑤ 마할랄렐	65세	895세
⑥ 야렛	162세	962세
⑦ 에녹	65세	365세
⑧ 므두셀라	187세	969세
⑨ 라멕	182세	777세
⑩ 노아	600세(홍수)	500세
계	1,656년	

3) 아담 출생기→예수 기원년

이 방법에 의하면 아담은 기원전 3천 년경에 있었던 대홍수보다 1,656년 전인 기원전 4656년에 태어난 사람이라는 계산이 나온다.

기원전 4500년쯤 쿠르나에서 서남쪽으로 160km 떨어진 에리두에 메소포타미아 최초의 왕국이 세워졌다고 한다. 그렇다면 아담이 출생한 시기는 이보다 156년 앞선 것이 된다. 이 무렵이면 남부 메소포타미아에 출렁거렸던 바다물도 아라비아 해로 빠져 나간 지 오래 되고 대지에는 염분이 가셔서 수목이 울창하게 자라기 시작할 때이면서도 사람들은 흔치 않아 넓은 땅에 아직 누구의 발길도 닿지 않은 처녀지로 펼쳐져 있었을 것이다. 고대 이 곳 사람들은 흙으로 신의 모습을 만들어 지니며, 인형을 빚어 자식에게 주기도 했다. 그러한 연유로 아담도 자연스럽게 흙으로 빚어져 사람이 될 수 있었다.

이렇게 하여 기원전 4656년에 상당한 오차 기간을 가감한 어느 날, 네 개의 강이 흐르는 쿠르나에 나타난 아담과 이브는 새로이 수목이 자라고 과일이 열매 맺는 신천지 최초의 주민이 된 것이다.

2. 칼데아 인의 고향 마쉬

인공섬 췌바쉐

쿠르나를 떠나 북쪽으로 6번 국도를 따라 2km를 가면 서쪽 체바이시까지의 이정표와 함께 왼쪽으로 갈라지는 도로가 나타난다. 이 도로를 따라 5km를 들어가면 마쉬(Marsh)라고 불리는 갈대 늪지대가 망망대해처럼 펼쳐지며 그 끝의 수평선은 저 멀리서 하늘과 맞닿아 있다. 지도에 표시된 규모로는 사방 60km 이상, 바스라, 티카르, 미잔 등 3개 도에 걸쳐 펼쳐져 있다.

물의 깊이는 건기가 끝나는 늦은 가을과, 겨울 내내 내린 빗물이 잔뜩 고이는 초봄의 계절적 차이가 있으나 평균 50~100cm 정도가 되어 민물고기가 자라기에 좋은 환경이다. 따라서 고기잡이도 이 지역 주민들에게 주요 생업의 일부라고 한다. 때는 4월의 이른 봄철이었는지라 이제 막 자라기 시작한 푸른 갈대는 간신히 수면위로 머리를 쳐들고 있을 뿐이다.

마쉬 지역의 중심지는 체바이시(Chebaish)라는 소읍으로 그 곳에는 관광 전시용으로 잘 지어 놓은 이 지역 전통가옥 갈대집이 있다.

방문객은 체바이시까지 45km의 노정을 통하여 좌우에 끝없이

갈대늪 마쉬

전개되는 갈대늪지대의 풍경과 생활 모습을 바라보게 된다. 마쉬를 관통하는 도로에 접어든 후 동쪽으로 45km 떨어진 체바이시로 들어가는 길은 험난하기만 하다. 오래 전에 아스팔트 도로포장을 하긴 한 모양인데 처음부터 끝까지 성한 곳이 없이 전체의 노면이 벌집처럼 웅덩이가 패여 있다. 차는 기우뚱기우뚱, 덜컹덜컹 시속 30km의 속도로 조심스럽게 움직인다.

이란 군이 짧은 시간 내에 용이하게 마쉬 도로를 통과하여 남부 석유기지 나시리야로 진출하는 사태를 예방하기 위하여 인위적으로 이렇게 만들었을까. 주마간산 격으로 지나쳐 보지 말고 꼼꼼히 살펴보고 가라는 뜻에서 차의 속도를 늦추게 하기 위하여 이렇게 했을까. 궁금한 마음을 떨치지 못하는데 제법 큰 하천이 눈앞에 보이고 굵은 목재로 세운 왕복 2차선 교량이 나타난다.

교량 양쪽에는 초소가 하나씩 있고 각 초소에서는 무장을 갖춘 병사 2, 3명이 나와 신분증을 검사하며 행선지, 방문 목적 등을 꼬치꼬치 캐묻는다. 도로와 교량의 좌우에는 수면이라서 검문을 피하여 다른 곳으로 돌아가는 방법은 없다. 첫번째 교량을 통과한 후

3km쯤 지나서 하천과 교량 그리고 양쪽 초소의 검문이 반복된다. 모두 11군데의 교량, 22군데의 초소에서 검문을 받았다.

다행히 체바이시에 가까워질수록 질문 내용은 점점 간단해지고 생략되어 나중에는 신분증만 훑어보았고 마지막 검문소에서는 프리패스였다. 이따금 매복 교대차 나가는지 도로순찰중인지는 모르겠으나 완전 무장한 분대 병력이 이동하는 모습도 보인다. 한국의 DMZ 못지않게 경비가 철저하다.

도대체 체바이시에 무슨 보물을 숨겨 놓았기에 이다지도 경비가 삼엄하단 말인가. 아니면 미사일 발사기지라도 감추어 놓은 것인가. 그러나 걸프 전 이후 그 이유를 알 수 있을 것 같았다. 미국과의 걸프 전에서 이라크가 패하자 이 곳 이슬람 시아파 주민들이 반정부 무력항쟁에 나선 것이다.

이 곳 주민들의 주요 생업은 갈대 수공예품 제조와 고기잡이다. 늪지대의 한쪽 편에서는 대여섯 명의 남자들이 갈대 채취작업을 하는지 모내기하듯 몸을 굽힌 채 부지런히 손을 움직인다.

10년은 되었을 것 같은 낡은 도요타 픽업 한 대가 갈대로 만든 돗자리와 광주리를 가득 싣고 힘겹게 굴러간다. 돗자리를 비롯하여 바구니, 광주리, 탁자, 인형, 각종 가구 등 그 종류도 여러 가지가 된다. 이 수공예 제품들은 바스라로 실려가 거기서 다시 여러 곳으로 팔려 나간다.

갈대늪에는 저 멀리 띄엄띄엄 마치 널따란 뗏목이 떠 있는 듯한 작은 섬들이 많다. 그러나 그것은 사람들이 흙과 파피루스 수초를 다져서 수면 위로 지반을 쌓아 올린 체바쉐(chebasheh)라는 인공섬이다. 사람들은 그 위에 집을 짓고 외양간을 짓는다. 체바쉐가 작은 것에는 한두 채, 큰 것에는 수십 채의 가옥이 올라앉아 있다.

갈대늪 저쪽 물 속에서는 거뭇거뭇한 점이 움직인다. 자세히 보니 검은 물소들이 가슴까지 닿는 물 속 여기저기에서 한가롭게 수초를 뜯고 있다. 한국의 소는 코뚜레에 꿰어 채찍으로 매를 맞으며 하루 종일 힘든 일을 하고 집에 돌아와서는 좁은 외양간에 갇혀 지낸다. 그리고 고된 생활과 절망적인 운명에 비관한 나머지 기회만 생기면 산으로 들로 내튀어 온 동네가 시끌시끌하도록 주인집 식구들이 찾으러 다닌다.

그러나 이 곳 물소들은 들로 내튀기는커녕 주인이 들이기를 거절하면 소중한 잠자리를 잃게 되는 터라 무단가출은 물론이고 정해진 규칙도 어기는 법이 없다. 아침이 되면 제가 스스로 알아서 갈대늪에 나아가 무진장 널려 있는 수초를 뜯으며 허우적거리고 장난도 치다가 해질 무렵이면 잠자리로 돌아온다. 물론 코뚜레도 없다. 주인의 비위를 거슬리면 매를 맞는 것이 아니라 야단을 맞는다.

언젠가 어느 중년 아낙이 한 마리의 검고 흰 얼룩소와 함께 걷는 모습을 본 적이 있다. 끈으로 소를 매어 잡아 끌거나 뒤에서 나뭇가지로 엉덩이를 때리며 몰고 가는 것이 아니라 어깨를 나란히 하여 집으로 돌아가는 것이니 함께 걷는다는 표현이 잘못 쓰인 말은 아닐 것이다.

아낙은 얼룩소를 가리키며 매우 화를 내어 심한 야단을 친다. 무언가 잘못을 책망하는 빛이 역력하다. 영락없이 아이들을 야단치듯 한다. 얼룩소는 상대방이 여자라고 해서 반항하거나 무시하는 태도가 아니다. 마치 주인님께 심려를 끼쳐 죄송하다는 듯 다소곳이 얌전하게 경청하는 태도로 걸음을 재촉한다.

저녁해도 아직 지지 않아 귀가 시간에 늦은 것도 아닐 텐데 왜 그럴까 하며 주위를 살폈다. 그리고 보니 들판에 그 시각까지 남아 있는 소는 눈에 띄지 않는다. 그제야 사연을 알 수 있을 것 같았다.

마쉬 지역의 갈대집

해가 아직 남아 있어도 남들이 들어가면 너도 들어와야지 그 무슨 꾸물거릴 일이 있길래 이렇게 찾으러 나오도록 하느냐. 저녁 준비로 할 일도 많은데 너까지 나를 더 바쁘게 하면 어쩌자는 것이냐. 이것이 그녀가 얼룩소를 야단치며 하는 말이었을 것이다.

고대 이래 이 지역 주민들이 사는 가옥은 미군 막사처럼 둥근 돔 모양의 전통 갈대집이다. 이 갈대집의 모양을 보면 지붕은 둥글게 굽어서 안에서 보면 터널처럼 되어 있고 양쪽에 출입문이 있어 바람이 잘 통하도록 되어 있다. 구조는 갈대 줄기로 단을 묶어 기둥과 서까래 역할을 하는 틀을 먼저 만들고 돗자리 짜듯 갈대를 엮어 지붕과 벽을 만든 다음, 초가집 지붕에 볏짚 이엉 얹듯 위쪽에 갈대 이엉을 얹어 묶은 것으로 이것은 이 지역 갈대늪 생활의 상징으로 되어 있다. 그러나 지금은 많은 가옥이 시멘트 주택으로 바뀌어 있다. 체바이시에는 잘 지은 관광전시용 갈대집이 세워져 있다. 낡은 갈대집은 외양간이나 창고로도 활용된다.

체바이시 인접 도로변에 낡은 전시용 갈대집이 있어 들어가 보았더니 대여섯 살 되어 보이는 남자와 여자아이가 따라 들어온다. 무언가 할 말이 있음직한데 우수에 가득 찬 눈망울로 나를 말없이 바라보기만 한다. 지금까지 목욕은 물론 세수도 한 적이 없는지 얼굴과 옷에는 검은 때가 잔뜩 묻어 있고 머리는 산발이다. 이 지역 주민들의 경제적 고통이 느껴져 보는 이의 마음을 우울하게 한다.

전용보트 마쉬 후프

갈대늪지역에서 필수적인 교통수단은 마쉬 후프(marsh huf)라 불리는 카누이다. 베니스에서 보트가 없이는 외출을 할 수 없듯이 이 곳에서도 마쉬 후프라는 보트가 없으면 움직일 수 없다. 따라서 집집마다 자가용 마쉬 후프를 1척 이상은 보유하고 있다.

그렇다 보니 보트를 젓는 기술은 남녀노소 누구에게나 걸음 걷는 것 못지 않게 필수적이다. 꼬부랑 할머니도, 나이 어린 여자아이도 아주 능숙하게 보트를 저어 이 집 저 집으로 마실을 다니거나 도로가 있는 육지로 나들이를 나온다.

검은 천으로 얼굴과 온 몸을 감싼 구부정한 할머니가 아이들을 보트에 태우고 갈대를 헤치며 자유자재로 노를 저어 다니는 모습, 나이 어린 여자아이가 혼자 보트를 저어 저쪽 친척집으로 심부름 가는 모습은 여기에서만 볼 수 있는 정경일 것이다. 저쪽 기다란 인공섬 췌바쉐에 여러 채의 갈대집이 보이기에 잠시 서서 바라보고 있노라니 대여섯 명의 아이들이 내 모습을 알아보고 신기한 이국인이 왔다며 각자 마쉬 후프를 몰고 쏜살같이 내달아 나온다.

수상국 마쉬의 역사

아랍의 옛 서적에 의하면 서기 620년에 대규모 홍수가 있었고 그 결과로 마쉬가 생긴 것이라고 한다. 반면에 고고학자들은 선사시대에 아라비아 해의 해수(海水)가 물러가면서 만들어진 것이라고 말한다. 그러나 사방 60km의 광대한 면적에 걸쳐 50~100cm의 균일한 깊이의 늪이 평지에 생성된 현상은 홍수나 해수의 침식으로는 충분한 설명이 되지 않는다. 그보다는 생성 원인을 지표의 침강에서 찾는 것이 옳지 않을까 생각해 본다.

성경에서 아브라함의 자손이라고 불리는 고대 이스라엘 민족은 사마리아를 도읍으로 하는 이스라엘 왕국과 예루살렘을 도읍으로 하는 유대 왕국 이렇게 두 개의 왕국으로 나뉘어 있었다. 그 중에 이스라엘 왕국은 기원전 721년 아시리아의 사르곤 2세에 의하여 정복되었고, 유대 왕국은 기원전 607년과 기원전 597년 두 차례 항명의 결과 새로이 바빌론의 주인이 된 신바빌로니아 제국 즉 칼데아(Chaldean) 왕국 느부갓네살(Nebuchadnezzar Ⅱ) 왕의 응징을 받아 유대의 왕과 주요 신민(臣民) 5만여 명이 바빌론으로 끌려옴으로써 와해되고 말았다.

그 시대에 신바빌로니아 제국을 건설했던 칼데아 인들이 본래부터 자리를 잡았던 곳이 바로 이 곳 마쉬 지역이다. 고대에 이 지역은 수상국(水上國 : Sea Land)이라 불렸으며 이들은 신바빌로니아를 건국하기 이전에도 아래와 같이 두 차례나 바빌론을 차지하고 바빌론 제2왕조와 제5왕조를 세운 전력이 있다.

수상국 제1왕조→바빌론 제2왕조(기원전 1742~1374년 : 368년간)
수상국 제2왕조→바빌론 제5왕조(기원전 1024~1004년 : 21년간)

바빌론 제5왕조가 패망하고 한참 후인 기원전 721년 아시리아가 메소포타미아와 소아시아 일대의 패권을 차지하고 있을 때의 일이다. 바빌론의 왕과 아시리아의 왕을 겸하던 아시리아의 샬마네세르 5세가 이스라엘의 왕 호세아의 배반을 응징하고자 그 왕도(王都) 사마리아를 3년간 포위 공격하던 중 사망하자, 마쉬 지역에 살던 비트 야킨 부족의 족장이며 칼데아의 왕이었던 메로닥 발라단(Merodach-baladan 또는 Marduk-apal-iddina Ⅱ)이 아시리아의 통치에 저항하여 반란을 일으켰다(구약성서에서는 브로닥 발라단으로 적고 있다). 물론 반란이란 용어는 아시리아의 입장에서의 표현일 뿐 당시 칼데아 인의 입장에서는 달리 표현하는 용어가 있었을 것이다.

이 때 샬마네세르 5세의 뒤를 이어 아시리아 제국의 왕위에 오른 사르곤 2세는 부왕의 유업을 완결하고자 이스라엘과 페니키아의 지중해 연안도시 공략에 정신을 쏟고 있었기 때문에 수상국의 반란에 주의를 돌릴 여유가 없었다. 덕분에 발라단은 기원전 721년부터 9년간 바빌론을 포함한 남부 메소포타미아의 여러 도시를 차지할 수 있었다.

뒤늦게 아시리아의 군대가 도착했으나 고대 페르시아의 강국 엘람의 적극적인 지원을 얻은 칼데아 인의 완강한 저항에 부딪혀 이들은 퇴각할 수밖에 없었다. 그러나 전력을 강화한 아시리아 군은 12년 후 다시 남쪽으로 진군하여 바빌론을 함락시켰고 발라단은 이 지역 마쉬로 들어와 이름 모를 인공섬 췌바쉐에 숨었다. 아시리아 병사들은 발라단을 쫓아 췌바쉐가 널려 있는 이 곳까지 추격해 왔으나 망망대해의 갈대 바다에서 도저히 그의 종적을 찾을 수 없었다.

이 섬 저 섬을 뒤지며 분풀이를 하던 아시리아의 병사들도 나중에는 지쳐 버렸다. 사르곤 2세는 결국 화해의 제스처로서 발라단의 죄를 용서하고 그를 이 지역 속방의 왕으로 임명한다고 포고하고는 병사들을 철수시켰다. 그 후 사르곤 2세가 죽자 발라단은 다시 반란을 일으켜 기원전 703년에 9개월 동안 바빌론의 왕이 되었다가 사르곤 2세의 뒤를 이은 철권 왕 산헤립(센나케리브)에 의하여 다시 쫓겨났다.

그러나 산헤립이 군대를 이끌고 유대 왕국에 원정하여 왕도 예루살렘을 공격하던 중 군진에 돈 갑작스런 역병으로 원정에 실패하고 돌아오자, 수상국의 칼데아 인들은 다시 바빌론의 반란에 가담했다. 이들의 끈질긴 반란은 산헤립의 인내력을 무너뜨리기에 충분한 것이었다.

산헤립 왕은 칼데아 반란의 본거지인 수상국 마쉬의 뿌리를 뽑기로 작정하고 그리스와 페니키아의 조선공들을 끌어 모아 대규모 선단을 건설했다. 이 선단의 건설은 아시리아 병사들이 뜨거운 태양 밑에서 1천 km를 행군해야 하는 수고를 덜어 주었다. 아시리아 병사들은 배를 타고 유프라테스 강을 내려와 대대적인 소탕작전을 벌인 후에 이 지역 모든 섬들을 모조리 불태워 버렸다. 그리하여 수상국 마쉬 주민의 아시리아에 대한 저항은 한동안 숨을 죽이게 되었다.

3. 중세 아랍의 진주 바스라

아라비아 만에서 샤트 알 아랍 수로를 따라 북쪽으로 67km를 거슬러 올라가면 바그다드, 모술과 함께 이라크 3대도시의 하나인 바스라(Basra)에 도착한다. 바그다드에서는 동남쪽으로 550km의 거리가 된다.

바스라는 이슬람 정통 라쉬둔 왕조의 제2대 칼리프인 오마르 이븐 알 카탑의 명에 따라 서기 637년 웃바 빈 가즈완에 의하여 건설되었다. 그리고 40년이 못 되어 인구 30만 명을 넘는 항구도시로 발전했다.

이 정도라면 도시의 역사가 1,400년을 바라보는 셈이니 상당히 오래 된 고대도시임이 분명하나 워낙 오랜 역사를 지닌 땅이고 보니 여기서는 고대도시로 행세하지 못한다.

바스라는 이후 이슬람 아바스 왕조(서기 750~1258년) 시대에 전성기를 이루어 이 곳을 출항한 아랍 무역선은 멀리 중국, 일본까지 왕래했다고 하는데, 아마도 고려 초기에 피리소리 울리며 예성 강을 오르내렸던 아랍 상선들 또한 바스라에서 출항한 것이 아니었나 생각된다.

침묵 속의 바스라 항구

아침 일찍 일어나 먼동이 틀 무렵 사마와를 떠나서 바스라를 향해 바그다드—바스라 간의 자동차 전용 8번 국도를 따라 남쪽으로 차를 몰았다. 마침 그 날은 공휴일인 금요일인데다 새벽 이른 시각이라서 도로에는 차의 통행이 뜸했다. 그렇지 않았다면 왕복 각 편도 1차선 도로에서 거북이 걸음으로 주행하는 노후 화물차들을 추월하며 주행하느라 애를 먹었을 터였다.

사마와 교외를 지나자 포와 탱크를 실은 트레일러, 석유 탱크로리 그리고 화물차들이 수없이 통과했을 아스팔트 도로는 트럭바퀴 자국으로 노면에 골이 깊게 패여 반대편 차선에서 차들이 달려올 때마다 그 뒷바람으로 차가 엉뚱하게 쏠리지 않도록 잔뜩 긴장하여 핸들을 이리저리 돌린다. 미리 얘기는 들었지만 정말 진땀 흘리게 하는 구간이었다. 이러한 도로 상황에서도 능숙하게 시속 120km 이상의 속도로 달리는 차들도 적지 않았다.

사마와에서 나시리야까지 80km의 도로변 여기저기에는 크고 작은 호수가 여러 개 널려 있다. 그러나 호수 주위에서 풀 포기를 찾기는 어렵다. 멀리 동쪽으로 남부 석유 산업도시 나시리야가 바라보이는 곳에서 바스라 교외를 거쳐 아라비아 만의 해군도시 움 알 카슬까지 닿는 고속도로에 올라섰다. 동쪽 지평선을 따라 여기저기 석유가스를 태우는 5, 6개의 불꽃이 훨훨 타오른다.

고속도로의 서쪽 황야는 아라비아 사막권이다. 오래 전 옛날에는 온갖 짐승들이 풀을 뜯고 사자가 먹이를 사냥했을 초원이었겠으나 지금은 몰려오는 아라비아 사막의 모래를 감당하기에도 너무나 힘이 부치는 모습이다. 사막에서 날아온 모래가 바람에 날려 높직한 제방 위의 고속도로 위에 수북히 쌓인다. 이따금 대형 차량

사막모래가 바람에
날려와 쌓인 바스라
교외 고속도로

이 통과할 때마다 그 모래는 바람에 날려 다른 운전자의 시야를
모래장막으로 둘러싼다. 그리고 모래는 제방을 넘어 동쪽으로 계
속 날아가 이따금 가시풀이나마 눈에 띄는 황무지를 완벽한 사막
으로 그 영역을 확장해 나간다.

  고속도로는 직선으로 뻗어 있는데다 차량 통행이 뜸하여 단조
로운 운전 중에 긴장이 풀리기 마련이다. 특히 야간 운전자가 이완
된 분위기에서 잠들기에 안성맞춤이다. 이를 증명이라도 하듯이
고속도로가 개설된 지 오래 된 것도 아닌데 노변에 튼튼하게 설치
된 특수제작 강철 가드레일이 한 곳도 성한 곳 없이 엿가락처럼
휘고 구겨져 있다. 얼마나 많은 차량 사고와 인명 피해가 있었을까
생각하니 애석하기 짝이 없다. 나도 언제인가 모술 남쪽 1번 국도
에서 시속 100km의 속도로 주행중에 잠에 빠진 나 자신을 발견하
고 깜짝 놀란 적이 있다. 다행히 다른 차량의 통행이 없었고 도로

가 직선이었기에 망정이지 참으로 아찔한 순간이었다.

주행중에 졸릴 때에는 무조건 도로 밖 빈 터로 차를 뺀 후에 한 잠 자는 것 외에 약이 없다. 그것이 여의치 않을 때는 먹거리를 입에 넣어 소화기 계통에 자극을 주는 것도 일시적으로 졸음을 미룰 수 있는 방편이 된다. 나의 운전 십계명 중 첫번째가 전방을 철저히 주시하라는 것이다. 참담한 대형 자동차 사고의 가장 큰 원인은 음주운전보다도 졸음과 수면, 옆 사람과의 잡담, 몽상 등으로 운전 중에 앞을 제대로 보고 있지 않은 데서 일어난다.

바스라에 들어서자 전쟁 중 이란군의 포에 맞아 허물어진 두터운 흙벽돌 가옥의 폐허가 여기저기 눈에 띈다. 지나는 택시를 잡아 택시요금을 지불할 테니 바스라 제일의 명소로 안내해 달라고 부탁하고 그 뒤를 따랐다. 이윽고 도착한 곳은 바스라 항구에서 1km 남쪽으로 떨어진 샤트 알 아랍 강변이다.

바스라의 아침.
왼쪽의 숲은
신드바드 섬

3월 중순의 휴일 오전 화창한 봄 날씨에 답답한 기분을 강물에 흘려 보내려는 듯 강변에는 많은 사람들이 모여 강물을 바라보며 차도 마시고 거닐기도 한다. 물결이 출렁이는 강변 축대 위에는 10 여 개의 동상들이 나란히 한 줄로 버티고 서서 이루지 못한 이 나

바스라 공원 앞을
흐르는 샤트 알
아랍 수로

라 사람들의 소망을 나타내려는 듯 강 건너 먼 곳을 응시하며 한 손을 들어 저쪽 동편을 가리키고 있다. 시가지 앞 수면 위에는 연락선이 통통거리며 오르내린다. 강을 따라 수많은 기뢰가 부설되어 선박 입출항이 봉쇄되어 있는 것으로 전해지는 중에도 시가지 인근 수역은 안전한 모양이다. 그 곳을 떠나 신드바드 섬으로 가는 길에 바스라 항구를 지난다.

항구는 샤트 알 아랍 수로의 폐쇄로 그 기능을 오래 전부터 상실하고 있었다. 그리고 그것은 이 도시에 치명적인 타격이 되어 물류 출입이 없는 항구도시 주민들의 생계는 막막할 수밖에 없는 반

침묵 속의 바스라
항구

면 별다른 대안도 없어 보였다.

강변 항만 부두에는 수백 톤의 소형 선박에서 큰 것은 약 1만 5,000톤 급에 이르기까지 30여 척의 선박들이 닻을 내린 채 20년 가까이 지켜 온 침묵 속에서 깨어날 줄을 모른다. 뱃전의 페인트는 벗겨져 녹슬고 선체에는 사람의 그림자도 보이지 않는데 마스트에 까맣게 올라앉은 새들의 지저귀는 소리만 요란하다.

신드바드 섬

바스라 항구에서 상류 쪽으로 1km 거리를 더 올라가면 강 중간에 길쭉한 카누 모양의 섬이 있고 그 위로 800여 m 길이의 왕복 4차선 둥근 다리가 무지개처럼 걸쳐 있어 강의 양편과 섬을 이어준다. 섬의 이름은 신드바드 섬이다. 아라비안 나이트의 이야기 중에서 주인공 신드바드가 배를 타고 모험의 세계로 떠난 출항지가 바로 이 섬이라는 것이다.

섬의 모양은 길이 1km, 폭 100m로서 강을 따라 길다랗게 놓여 있고, 그 양쪽 끝은 마치 창끝처럼 뾰족하게 되어 있다. 섬은 시민 공원으로 꾸며져 금요일을 맞아 많은 시민들이 벤치에 앉아 강을 바라보며 담소하거나 가족들끼리 야자수 그늘 밑에 둘러앉아 양고기를 구워 먹으며 휴일을 즐기고 있다. 나도 한적한 그늘 밑에 차를 세우고 무심히 흘러가는 강물과 그 저편에 기약 없이 묶여 있는 항구의 배들을 바라보며 얼음상자에 준비해 간 도시락을 꺼내 먹었다.

여행 중 식사 패턴은 아침식사가 생략되고 점심은 한정식 도시락, 저녁은 형편 닿는 대로 해결하는 자유식이다. 도시락은 내가

신드바드가 모험에
도전하여
출항했다는
신드바드 섬

직접 챙긴 것으로 메뉴는 오이와 미역냉국, 고등어 튀김. 두부조림, 오이 소백이, 김 등으로 되어 있다.

강의 동쪽은 울창한 야자나무 숲이 펼쳐져 있고 이 숲 사이로 이따금 마을이 듬성듬성 들어서 있다. 자연히 차량 통행도 드물어 아침 출근 시간대에는 버스 정거장에서 차를 기다리는 직장인, 학생들이 애를 먹는 모습이다.

쿠르나와 마쉬를 거쳐 밤늦게 다시 바스라로 돌아오니 시각은 밤 12시경. 넓은 광장에 택시와 자가용 승용차들이 많이 모여 있고 운전자들이 문 밖에 나와 웅성거리고 있기에 여기가 어디냐고 물었더니 누군가 자가용 운전자가 다가와 이 곳이 바스라 역이라고 하며 자신이 좋은 호텔로 안내해 주겠다고 한다. 그들을 뿌리치고 나서니 당장 갈 곳이 없다. 내일 새벽 일찍부터 스케줄을 시작해야 하는데 밤 12시가 되도록 숙소도 못 구하고 저녁식사도 못했다. 헤

매고 다닐 시간이 없다. 다시 머뭇거리자니 다른 운전자가 다가온
다. "노 니드 디나르, 미스터! … 모니 노 니드!" 그가 나직이 그러
나 간절히 소곤거린다. 그는 지금 나를 대상으로 자가용 불법영업
을 시도하고 있는 것이다.

그에게 호텔로 안내해 줄 것을 부탁했다. 그가 손님을 끌기 위
하여 연신 돈을 주지 않아도 된다고 말하지만 종국에는 제 값을
다 청구하리라는 것을 나는 알고 있다. 그를 따라 20여 분을 달린
끝에 큰 건물에 도착했다. 무장한 경비원이 문을 가로막고 서서 넥
타이를 맨 사람만 들어갈 수 있고 숙박료는 100달러라고 말한다.
어둠 속에서 간판을 보니 바스라 쉐라톤 호텔이다. 그 옆 골목으로
돌아드니 무궁화 4개짜리 호텔이 있다. 숙박료로 11디나르(1만
1,000원)를 제시한다. 나는 만족하여 쾌히 응낙하고 이 곳까지 안
내해 온 자가용 운전자에게 3디나르를 건넸다. 그는 좀더 생각해
줘야 한다고 말한다. 4디나르를 주니 그제야 "슈크란!"(땡큐) 하며
떠났다.

호텔 안에 들어와 보니 내게 지정된 5층의 투숙객은 나 혼자였
다. 샤워꼭지도 없고 바닥에는 시멘트 가루가 쌓여 있으며 전기선
이 여기저기 어지럽게 널려 있었으나 불편할 것은 없다. 식당에는
늦게 도착한 쿠웨이트인 10여 명이 맥주를 마시며 식사를 하고 있
다.

아랍 인들이 흔히 먹는 고기 요리로는 세 가지가 있다.

첫째는 께밥이다. 께밥은 양고기에 지방을 섞어 으깬 다음 15cm
길이의 쏘시지 모양으로 만들어 살짝 구운 것인데 여기에 독특한
향취를 머금은 아스파라거스 모양의 야채 잎과 양파 그리고 토마
토 슬라이스를 곁들여 얇고 부드럽게 구운 밀떡에 말아먹는 것으
로 값은 밀떡과 야채를 끼워서 1인분 2개에 2.5디나르(2,500원) 수

준이다. 사막의 양은 뜻밖에도 살코기보다 지방질이 많다. 이 지방분을 버리지 않고 양고기에 적당히 섞어 사용하는데 그 섞이는 비율에 따라 께밥의 품질이 좌우되게 마련이다. 야채 섭취와 운동량이 적은 데 비하여 지방분의 섭취가 많다 보니 이 지역 주민들의 순환기 질환은 심각한 상태에 있으나 의료시설은 턱없이 부족하고 의약품도 부족하다.

둘째로는 띠카를 들 수 있다. 띠카는 살코기를 꼬치에 끼워 불에 구운 것으로 지방이 섞인 께밥보다는 상대적으로 값이 다소 비싼데다가 질기고 검게 타서 맛이 없는 경우가 많다.

세번째의 굿지는 특별한 요리에 속한다. 이것은 양을 잡아 그 속에 갖은 양념을 넣어 구운 통 바베큐로 파티나 귀한 손님 접대용으로 제공되며 값은 150디나르(15만 원) 수준이다.

그 밖에 거리에서 간단히 끼니를 때울 수 있는 스낵류로 중동식 햄버거가 있다. 접시모양으로 얇게 썬 양고기를 60cm 높이로 쇠꼬쟁이에 꽂아 쌓은 다음 빙빙 돌려 가스 불에 가열된 불판의 열기를 쏘이면 고기의 지방분은 녹아내리고 고기는 맛있는 냄새를 풍기며 익는다. 손님이 오면 긴 칼로 잘 익은 양고기 켜의 가장자리를 큰 동작으로 쓱쓱 베어 낸다. 그러나 실제 잘려 나간 고기는 작은 부스러기 몇 점에 불과하다. 잘라 낸 고기는 잘게 썬 야채와 양파, 토마토 조각 1개와 함께 딱딱한 빵 위에 올려 놓은 다음 그 위에 다시 빵 하나를 얹어 손님에게 내준다.

다른 모든 것처럼 맥주도 이 나라 어디서나 마음대로 구할 수 있는 것은 아니다. 지역적·시간적으로 종류에 따라 품절 상태인 경우가 판매되는 경우보다 더 많기 때문이다. 여기서 가장 높게 쳐주는 맥주는 작은 병의 샤라야르이다. '천일야화' 즉 아라비안 나이트를 얘기하게 만든 장본인 샤라야르 왕의 이름을 따서 상표를 붙인 것이다.

그 다음이 1,001일 동안 샤라야르 왕에게 매일 재미있는 이야기를 들려준 후에 종국에 가서 자신의 목숨을 건지고 왕비로 픽업되는 아름답고 지혜로운 처녀 샤라자드의 이름으로 상표를 붙인 샤라자드 맥주로서 이 두 종류의 맥주는 국영회사에서 생산되는 독점 브랜드이기도 하다. 그런데 이 호텔에는 이 모든 것이 있었다.

나는 주인의 권고에 따라 평소에 별로 즐겨하지 않는 양고기 꼬치구이 띠카를 주문했다. 그러나 예상을 뒤엎고 이 호텔의 띠카는 정말 일품이다. 우선 시각적으로 구운 양고기 띠카는 검게 탄 모양이 아니라 이제 막 토마토 속살을 도려내 온 것처럼 신선한 주홍빛을 띠고 있다. 쫄깃쫄깃하게 잘 익은 고기에서는 독특한 향과 맛이 풍겨 나온다.

비록 뒷골목 이름 없는 호텔의 작은 주방에서 혼자 일하지만 60세도 넘은 그 곳 주방장은 아랍 최고급 요리사였다. 타오르는 갈증에 나는 샤라야르와 샤라자드 몇 병을 청하여 마셨다. 맥주는 신토부일(身土附一)이라더니 이렇게 생명수를 마시는 느낌으로 맛있게 맥주를 마셔 본 적이 없다. 하루 700km를 돌아다닌 피로가 일순간에 사라지는 듯하다.

4. 초기 수메르의 도시

바스라를 떠나 나시리야를 향하여 북쪽으로 고속도로를 30분간 달리자 쿠웨이트인 일가족을 태운 신형 GM 패밀리 밴이 시속 140km 정도의 속도로 호기있게 내 옆을 추월한다. 내 차와 같은 계열의 차종이다.

운전자는 그 차가 시속 120km 이상으로 장시간 주행시 타이어 파열의 우려가 있다는 것을 아직 체득하지 못한 모양이다. 아니나 다를까 오래 가지 않아 그 차의 뒤 타이어는 갈기갈기 찢긴 채 도로가에 서 있고 사람들이 모두 차에서 나와 당황하여 바라보고 있는 모습이 보인다.

다시 얼마를 더 달린 후 인적 없는 휴게소에 차를 세우고 얼음 상자에서 마지막 네 개째의 도시락을 꺼내 식사를 한다. 이따금 통과하는 차량과 주위의 사막을 바라보며 사막에서 이렇게 멋있는 한정식 식사를 할 사람이 또 누가 있을까 하는 생각에 한껏 여유롭게 식사를 한다. 어디서 어떻게 알고 날아왔는지 금방 파리가 달려든다. 사막 파리는 한 번 피부 위에 앉기만 해도 바늘로 찌른 것처럼 따갑다.

수메르 최초의 왕국 에리두와 키쉬

티카르 도의 중심도시이며 남부 석유 산업도시인 나시리야의 남쪽을 지나는 알 카디샤 고속도로에는 에리두와 우르로 각각 갈라지는 인터체인지가 있어 남쪽으로 접어들면 에리두(Eridu)로 향하고, 동북쪽으로 접어들면 우르 유적지에 닿게 된다. 에리두의 현재 지명은 아랍어로 아부 샤레인이다.

먼저 에리두 쪽 도로로 접어들었다. 도로를 따라 2km 들어가니 경비부대가 나타나고 거기부터 경비병의 안내를 받아 사막 길을 6km 정도 들어갔다. 이윽고 완만한 경사가 시작되더니 높이 20m 정도의 동산과 함께 널찍한 구릉이 나타난다.

이 곳에서 왕궁 터와 지하수의 신 '엔키'에게 경배하던 신전이 발굴되었다고 하나 지금은 형체를 알아볼 수 없는 도기 파편이 어지럽게 널려 있다. 주춧돌로 사용되었음직한 돌덩이 몇 개도 흙을 헤치고 얼굴을 내민다. 주위에 돌이 나올 만한 곳은 없는데 어디서

최초의 수메르 왕국
에리두의 옛 터

이런 돌을 운반해 온 것인지 알 수 없다.

기원전 4500년경 남부 메소포타미아의 수메르인 마을이었던 이곳 에리두(Eridu 또는 Nunki)에 하늘이 그를 대신할 왕을 내셨는데 그 처음 왕의 이름은 '알룰림'이었다고 한다. 그로부터 8명의 왕이 에리두, 바티비라, 라락, 시파, 슈루팍 등 5개의 도시에서 번갈아 나와 이들 5개 도시와 그 주변 영역의 수메르 왕국을 통치했다.

그리고 기원전 3천 년경 미증유의 대홍수가 닥쳐 지상의 모든 것을 삼켜 버림으로써 이 왕국은 종말을 고하게 된다. 동산의 제일 높은 곳에 올라가 사방을 바라보니 주위는 온통 사막화되어 지하수는커녕 풀 한 포기 보이지 않는다.

대홍수가 끝난 후 중부 메소포타미아에 키쉬(Kish)라는 수메르인 마을이 생겨 점차 큰 도시로 발전했다. 그리하여 하늘이 이번에는 이 곳 키쉬에 왕을 내시어 모두 23명의 왕이 사람들을 다스리게 하셨다.

그 후 기원전 2650년경 키쉬의 23번째 왕 아가(Agga)는 이웃한 남쪽나라 우룩의 영웅 길가메쉬와 싸워 패했다. 이로써 키쉬 왕국은 패망하게 되나 70여 년 후에 다시 두번째의 키쉬 왕국이 세워졌다. 키쉬에서는 5개의 왕조가 흥망을 거듭하다가 마지막에는 고대 바빌로니아에 합쳐졌다.

바그다드 남쪽 약 100km 거리에 있는 알 카디샤 고속도로의 바빌론 인터체인지 부근에서 갈라져 동쪽으로 10km 들어가면 붉은색 벽돌로 건축된 신탑(지구라트)과 옛 도시의 흔적을 볼 수 있다. 키쉬는 붉은색 땅이라 하여 아랍어로 '알 우하이르'라고도 불린다.

최초로 문자를 사용한 우룩

1) 우룩의 역사

우룩(Uruk)은 기원전 4천 년경부터 수메르인들이 정착하여, 기원전 3500~3100년에 걸쳐 다양한 도기문화를 발전시켰던 고대 수메르 도시국가로서 구약성경에는 '에렉'으로 기록되어 있고 현재는 와르카(Warka)로 불린다.

도기 산업이 번창하고 경제 규모가 확대됨에 따라 사람들은 머리 속에서 쉽게 계산할 수 없는 수입금을 기록해야 했고 이러한 사정은 속세의 백성들이 바친 헌납금으로 금고가 넘쳐나는 사원에서도 마찬가지였다. 이로 말미암아 기원전 3200년경에는 처음으로 이 도시에서 수메르의 설형 문자가 사용되기 시작했으며 상거래를 확실히 하기 위하여 계약서로 활용된 진흙판에는 역시 진흙을 구워 만든 원통형의 도장도 사용되었다.

기원전 2800년경에는 태양신 '우투'의 아들 '메스키악 가쉬르'가 이 도시

지금은 와르카로 불리는 우룩.
앞에 보이는 동산은 하늘의 신 아누의 지구라트 모습

우룩의 주신(主神)
이난나의 신전터.
오른쪽의 동굴은
우룩 왕들의 묘

의 왕이 되어 우룩 제1왕조를 세웠다. 그리고 세번째 왕은 목동, 네
번째는 어부가 왕이 되었다. 그 다음 다섯번째 왕 길가메쉬는 전설
적인 용사로서 그의 용력은 한 손에 사자 한 마리씩 양 손에 두 마
리의 사자를 한꺼번에 때려잡는 모습을 새긴 조각으로도 충분히
설명되고 있다. 길가메쉬에 관하여는 다음과 같은 업적이 전해진
다.

① 그는 「길가메쉬의 서사시」로 불리는 인류 최초 서사시의 주인
  공으로 이 서사시의 일부는 구약성서에 기록된 대홍수의 상황
  을 묘사하고 있다고 한다.

② 기원전 2675년경 그는 이웃한 북쪽의 키쉬 왕국을 공격하여
  '아가' 왕과 일전을 치른 결과 '아가' 왕을 죽이고 승리를 쟁취
  했다.

③ 그는 우룩을 외부의 침입으로부터 보호하기 위하여 도시 주위
  에 우룩 성을 건설하였으며, 우룩을 당시 메소포타미아의 중심
  강국으로 발전시켰다.

그 후 우룩에서는 약 천 년에 걸쳐 수메르 또는 셈의 6개 왕조가 나타나 흥망을 거듭하다가 기원전 1780년경 바빌로니아의 함무라비 왕에게 정복된다.

우룩의 수메르인들은 전쟁과 사랑을 맡아 보는 이난나 여신을 특별히 받들었는데 이 여신은 바빌로니아 시대에 이슈타르 여신으로 불렸고, 그리스로 건너가 아테네 여신, 로마의 비너스 여신으로 이어졌다고 한다.

2) 우룩의 유적지 와르카

아랍 회교군의 초기 총 대장 무타나의 이름을 따서 붙인 '알 무타나' 도의 중심도시 사마와에서 북쪽으로 10km 떨어진 8번 국도변을 주의 깊게 살펴보면 작은 표지판과 함께 와르카로 들어가는 동쪽 갈림길을 찾을 수 있다. 이 도로를 따라 동쪽으로 비포장도로를 조심스럽게 50km 달리면 몇 채의 집이 있는 작은 마을 뒤로 고깔모자 모양을 한 구릉지대가 나타난다. 바로 옛 우룩이 자리했던 와르카의 모습이다.

유적지 입구에 들어서면 먼저 입구에서 작은 동산이 내방객을 영접하듯 솟아 있다. 그러나 자세히 보면 동산이 아니라 항아리 조각더미가 쌓인 것임을 알 수 있다. 성내의 도시는 그 전체가 도기와 벽돌 조각으로 덮여 있다. 옛 영웅 길가메쉬가 도시 주변을 따라 쌓았다는 9.5km 길이의 성채는 허물어져 그 모습을 잃었으나 구릉 여기저기에는 두터운 벽돌 성벽의 잔해가 남아 있다.

고대 우룩 시대에는 유프라테스 강이 성문 앞을 흐르고 있었다고 하나 지금은 강의 유로(流路)가 20km 남쪽으로 옮겨져 있어 와르카의 주위는 사막으로 변해 가는 황무지가 둘러싸고 있고 성 안에서는 마치 도깨비 바람처럼 종횡으로 두서 없이 휘몰아치는 모래 바람이 주인 행세를 한다.

에리두의 경우처럼 우룩에서도 중요한 신전과 왕궁은 사방을 둘러볼 수 있는 산등성이와 산기슭에 자리잡고 있다. 수메르 인이 우랄산맥에서 살던 사람들이란 말은 수긍되는 점이 있다. 그들

의 선조가 우랄 산맥을 등지고 드넓은 초원을 바라보며 산기슭에 집터를 잡았던 것일까. 수메르 인은 산등성이나 구릉의 높은 지대에 산을 등지고 왕궁이나 신전을 건축한 공통점을 발견할 수 있다. 그리고 왕궁보다는 신전이 보다 더 중요한 자리를 차지하고 있다. 소위 집터, 명당 자리에 대하여 그들도 어떠한 인식을 가지고 있었다는 느낌이 든다. 반면에 수메르 이후 메소포타미아를 차지한 셈족들은 산지를 떠나 평지에서 산이나 구릉을 바라보며 건물을 세운 점이 대조적이다.

북동쪽 아누 신의 지구라트 뒷쪽에는 10m 깊이의 우물이 있고 그 주변 바닥재로는 벽돌이 깔려 있다. 우물 안은 모래먼지가 두텁게 쌓여 있다. 지구의 환경이 그만큼 빨리 황폐화되는 것일까. 아니면 이 유적지가 너무나 오래된 곳인 때문일까. 황량한 모래바람

만 윙윙거리며 불어대는 사
막지대에 우물이라니. 그러
나 우물 모양은 낯설지 않다.
어릴 적 우리 동네 우물과
다른 점이 있다면 그것은
우물 내벽이 벽돌로 되어
있다는 것뿐이다.

와르카의 아이들

5. 수메르 최강의 도시국가 우르

에리두를 벗어나 고속도로 밑으로 뚫린 차도를 따라 북쪽 도로로 접어들면 6km 저쪽 멀리 고풍이 역력하여 보는 이로 하여금 신비감을 불러일으키게 하는 옛 수메르의 신탑(神塔) 지구라트가 한 눈에 들어온다. 유적지 입구에는 경비부대가 있어 방문자의 신원을 확인한다. 신원 확인이 끝나면 인도병(引導兵)이 앞장을 선다. 유적지 안에는 유적 안내원이 또 있다. 60세가 넘은 이 노인은 터번을 쓴 아랍 복장에 수염을 길게 기르고 어깨와 허리에 탄띠를 두르고 권총까지 찼는데 그의 모습은 찰리 채플린을 떠올리게 한다.

우르의 역사

지금의 우르(Ur) 유적지는 옛 우르 왕국의 도읍으로서 남북 길이 1.2km, 동서 700m인 계란 모양의 도시였다. 이 작은 도시에는 수메르 사회의 핵심인 신전을 중심으로 왕궁과 귀족의 저택과 묘지가 들어차 있었고 주위에는 견고하게 벽돌로 쌓아올린 성벽이 둘러싸고 있었다.

성벽의 서문과 북문에는 선착장이 있었으나 지금은 도시를 휘감아 흐르던 유프라테스 강의 유로가 약 20km 북상함에 따라 주위는 모두 황무지로 변해 있다.

고대 수메르 시대에 우르에서는 세 번에 걸쳐 왕국이 흥망을 거듭했다. 그 중 첫번째 왕국은 후세에 고대 메소포타미아 문물을 소개하는 많은 유물을 무덤 속에 남겼고, 세번째 왕국은 신 수메르 시대의 강자로서 영광을 누리며 훌륭한 건축물을 남겼다.

1) 우르 제1왕조

우르에서도 기원전 2640년경 수메르 인에 의하여 우르 왕국이 세워졌다. 이 나라는 다음과 같은 이름의 왕들에 의하여 177년간 유지되었다.

① 메스안네파다
② 안네파다
③ 메스키악눈나
④ 메스칼람둑(황금투구, 보검 등 많은 유물을 전한다)
⑤ 엘루루
⑥ 발루루(기원전 2463년 인근 수메르 왕국 라가쉬에 패망)

기원전 2450년경 우르 귀부인이 금과 보석으로 치장한 모습

2) 우르 제2왕조

기원전 2400년경부터 116년간 유지되었으며 아카드 제국에 정복되었다.

◇ 사르곤의 아카드 제국

아마도 기원전 2500년경 아라비아 반도의 사막화가 본격화될 즈음 남부 아라비아 메사 산 기슭의 셈 족이 새로운 터전을 찾아 양떼를 몰고 길을 떠나게 된다. 그들은 메소포타미아로 들어와 한 부족은 동쪽으로 갈라져 후에 아시리아를 건설하며 다른 한 부족은 유프라테스 강을 따라가 바빌론 부근에 정착했다.

그로부터 얼마의 세월이 지난 후 바빌론에서 좀 떨어진 마을 사원의 여승이 임신을 하게 된다. 그녀는 남몰래 아이를 낳아서 갈대 광주리에 아이를 담아 유프라테스 강물에 띄

우르 등 여러
수메르 유적지에서
출토되는 수메르의
신상(神像)

워 보냈다. 이 광주리는 얼마
를 떠내려 가다가 채소농사를
짓는 농민에게 발견되어 아이
는 구조되고 그에 의하여 양
육되었다. 어느 날 농민은 자
초지종을 설명하며 아이를 왕
에게 보냈다.

왕의 이름은 키쉬 네번째
왕국의 우르 자바바였다. 그
는 아이를 신이 보낸 사자(使
者)라 하여 그의 왕궁에서 살
도록 했다. 이렇게 하여 아이
는 키쉬 왕궁에서 자랐고 성
장해서는 우르 자바바 왕을
섬기며 일했다. 아이는 용력
이 뛰어나 점차 두각을 나타
내더니 주위에 아카드 인 용
사들을 규합하여 큰 세력을
이루었다. 그는 이들 동조자

기원전 2450년경
우르의 황금 소머리
하프.
눈과 장식은
보석으로 해
박았으며 목제
부분은 발굴 후
복원한 것

들을 이끌고 그들 종족의 이름을 따라 새로운 도시 아카드(Aggad,
Akkad)를 건설했다. 구약성서 창세기에 기록된 '악갓'은 바로 이
도시를 말한다. 도시의 세력이 커지자 기원전 2340년 그는 아카드
를 왕국으로 선포하고 스스로 그 왕이 되었다.

그는 자신의 왕호를 셈어로 '사룸 킨(정의의 왕)'이라 칭했는데
그가 곧 사르곤 1세(Sargon Ⅰ)이다. 사르곤 2세의 왕호는 그로부
터 1,600년 후 이스라엘 왕국을 정복한 아시리아의 왕이 사용한다.

아카드 인(Akkadian)들은 용맹스러워서 사르곤 왕은 오래지 않아 주위의 수메르 국가들을 모조리 정복하고 아라비아 만에서 지중해 연안까지 영토를 확장함으로써 그 때까지 없었던 역사상 최초의 대제국 아카디아(Akkadia)를 건설했다. 이것이 바로 우리가 알고 있는 아카드 제국이다. 사르곤의 손자 나람 신(Naram-Sin)에 이르러 아카드는 그 전성기를 이루었는데 나람 신이 페르시아의 가파른 산악지대에서 시체를 밟고 격전을 벌이는 석판 부조가 발견되어 귀중한 보물이 되고 있다.

사르곤이나 나람 신의 시대에는 사진이 없었음에도 오늘날 그들의 모습을 상상함에 있어 별 어려움은 없다. 왜냐 하면 아시리아의 고도(古都) 니네베에서 파마를 한 듯한 수염을 병풍처럼 턱과 뺨 언저리에 늘이고 머리 뒤쪽에 상투를 틀고 있는 청동 실물 두상(頭像)이 각 1점씩 발견되었는데 이것이 그들의 것으로 추정되고 있기 때문이다.

아카디아는 나람 신 이후 넓은 영토에 걸친 여러 종족들의 분리독립으로 급속히 쇠약해진데다 설상가상으로 북쪽 구티 인(Gutian)들로부터 공격을 받아 기원전 2159년 아카드 제국은 힘없이 쓰러져 멸망하고 말았다.

아카드의 건국왕
사르곤 1세의
청동두상

그러나 구티 인들도 뿌리를 내리지 못한 채 오래지 않아 우룩 제5왕조의 우투헹갈에 의하여 북쪽으로 쫓겨간 후 우투헹갈은 라가쉬에 패망하고, 라가쉬는 우르 남무가 통치하는 우르 제3왕조에 패망했다.

이상하게도 아카드 제국의 중심지이자 왕도였던 아카드가 어느 곳인지는 지금까지 밝혀지지 않고 있다. 다만 바빌론에서 가까운 마무디야 부근일지 모른다거나 티그리스 강변 어디일 것이라는 의견이 있다.

그런데 구약성서에는 아카드의 위치를 시사하는 구절이 있다. 용사 니므롯이 사는 나라의 영역을 설명한 그 내용은 이렇게 되어 있다.

> 그의 나라는 바벨과 에렉과 악갓과 갈레에서 시작되었으며……(창세기 10 : 10)

여기서 바벨과 에렉은 유프라테스 강을 따라 들어선 도시이며 갈레는 티그리스 강변에서 에렉을 마주보는 도시이다. 그렇다면 아카드는 바벨을 마주보는 중남부 티그리스 강변으로 추정할 수 있다. 또한 아카드와 형제 부족인 앗수르 인의 중심지 앗수르가 티그리스 강변에 자리를 잡고 있었다는 것도 상호 연락편의를 위하여 입지 선정 과정에서 고려될 수 있는 점이다. 일부 유럽학자들도 이 같은 지점에 아카드를 표시하고 있다.

3) 우르 제3왕조

아카드 제국 멸망 후 이 도시에 영웅 '우르 남무'가 나타나 아카드가 차지했던 메소포타미아의 대부분을 다시 장악하고 기원전 2111년 '우르' 제3왕조를 수립함으로써 신 수메르 시대를 새로이 여는 기원이 되었다. 그는 또한 세계에서 가장 오래 된 성문법전인

'우르 남무' 법전의 제정자이기도 하다. 우르 남무의 뒤를 이어 왕위에 오른 그 아들 '슐기(또는 둥기)'는 페르시아의 자그로스 고원까지 영토를 넓히고 여러 도시에 사원을 건축함으로써 왕국은 수메르 역사 최고의 전성기를 구가하였다.

그러나 이 무렵 아라비아의 사막화가 심화되면서 많은 셈 계의 부족들이 메소포타미아로 밀려 왔다. 왕국 말기에 우르의 왕들은 이들을 물리치기에 바빴으나 별다른 성과는 나타나지 않았다. 왕국의 통제력은 급속히 약화되어 이주해 온 셈 인들은 토착 수메르 인들과 빈번히 갈등을 일으켰으나 속수무책이었다.

때마침 페르시아 지역 셈 계의 엘람이 공격해 왔다. 우르의 여러 도시들은 낙엽지듯 떨어졌고 마지막으로 왕도 우르도 함락되었다.

엘람의 군대는 그들이 점령한 모든 우르의 도시와 마을을 불태우고 재물을 약탈했으며 주민들을 닥치는 대로 살육했다. 그렇게 하고도 살아 남은 사람들은 포로와 노예로 끌려갔다. 우르의 마지막 왕 '이비신'도 엘람으로 끌려가는 대열에 끼었다. 때는 우르 제3왕조가 수립된 지 108년이 되는 해 기원전 2003년의 일이었다.

이렇게 하여 수메르를 대표하던 우르 왕국은 사라지고 메소포타미아에서 수메르 인들의 역사도 종말을 고하게 되었다. 우르의 비참한 최후는 후에 오래도록 애가(哀歌)에 실려 불렸다고 한다.

얼마 후 불타 버린 도시의 잔해 위에 셈 인들이 몰려와 집을 짓고 살았다. 그 중에는 성경에서 이스라엘의 조상이라고 기록되는 아브라함과 그의 가족도 있었다. 그러나 그들도 그 곳에서 오래도록 자리잡고 살 수는 없었다.

이 시기에 바빌론에서 셈 계의 아모리 인들이 바빌로니아를 세우고 영토 확장에 나섰기 때문이다. 북쪽 바빌론으로부터 요란한 병단(兵團)의 북소리와 함께 전쟁과 살육의 바람이 다시 몰려오고 있었다.

기원전 1810년 바빌로니아는 먼저 다른 셈 계가 차지한 우룩을 공격하여 정복했다. 그리고 주위의 도시국가들을 정복하며 남쪽으로 내려왔다.

기원전 1763년 바빌로니아의 함무라비 왕은 27년간에 걸친 5차례의 치열한 격전 끝에 우르 북쪽의 강력한 셈의 왕도(王都) 라르사를 함락시켰다. 우르는 이제 다시 정복군의 창끝에 노출되었다. 죽음, 노예, 피난 이 셋 중에서 시급히 하나를 선택해야 할 시기가 된 것이다. 아마도 이 시기에 아브라함 가(家)는 중대결단을 내린 듯하다.

전쟁과 살육으로 콩 볶듯 하는 이 땅을 뜨자! 그들은 유프라테스 강을 따라 가문의 자산인 양떼를 몰고 지금은 터키 영토로 되어 있는 시리아 북쪽의 하란까지 1,500km가 되는 이주의 길에 오른다. 그러나 그 곳도 오래 머물 곳은 못 되었다. 남쪽을 평정한 함무라비의 군대가 시리아로 몰려 왔기 때문이다. 구약성서 창세기에는 바빌론 지역을 시날 땅으로 기록하고 있는데 창세기 14장에 기록된 시날 왕 아무라벨은 바빌론의 왕 함무라비를 가리키는 것으로 생각된다. 여기서 시날 왕 아무라벨은 요르단에 사는 아브라함의 조카 롯을 잡아가고 아브라함은 롯과 그 일족을 아무라벨의 수중에서 구해낸다.

달의 여신 난나의 우르 신탑

우르에서는 달의 여신 난나가 주신(主神)으로 받들어졌다. 이

기원전 2110년경 건축되어 달의 여신 난나께 바쳐진 우르 지구라트는 현재 1개 층만 남아 있으나 본래 3개 층(복원도)이었다.

여신은 닝갈(Ningal)이란 신을 배필로 하고 있다. 유적지 중앙에는 우르 제3왕조를 건국한 왕 우르 남무가 건축하여 '난나' 여신께 바친 거대한 벽돌 지구라트가 서 있다. 지구라트(Ziggurat)란 고대 메소포타미아의 수메르 인들이 그 도시에서 제일 크고 훌륭하게 건축하여 신께 바친 신탑(神塔)으로서 이러한 종교양식은 후에 아시리아, 바빌로니아에까지 이어졌다.

지구라트의 꼭대기에는 몇 사람이 겨우 들어갈 수 있는 작은 공간이 설치된다. 수메르 인들은 이 곳에 작은 신전을 모셨고, 아시리아 인들은 망대를 설치하여 초병이 도시 주변의 이상 유무를 감시할 수 있도록 했다.

우르 지구라트는 본래 3개 층으로 되어 있었고 그 꼭대기에 신전이 있었으나 지금은 밑변이 62.5×43.0m로서 813평의 면적을 차지하는 1층만이 17m의 높이로 남아 있다. 이 지구라트 밑에는 '난나' 여신의 성전이 있었으며, 이 지구라트와 성전을 높은 담장이 둘러싸고 담장 안쪽에는 회랑이 있어, 사람들은 회랑을 따라 마련된 경배소에서 각자 '난나' 여신께 경배를 올렸다고 한다.

지구라트 앞에는 정의로운 신의 율법을 집행하는 재판소가 있었다. 여기에서는 피고가 유죄이면 북쪽 문으로, 무죄이면 남쪽 문으로 나가게 하는 방법으로 재판 결과를 알렸다고 한다. 이 재판소는 현재 동쪽으로 이전 복원되어 있다.

이전된 재판소 동쪽으로 우르 제3왕조의 전성기를 이루었던 2대왕 술기(둥기)의 궁전이 있다. 그 규모는 사방 55m에 면적은 약 915평으로 건물의 규모를 알 수 있도록 높이 50cm 가량의 건물 기초 부분만 역청을 바른 벽돌로 복원되어 있다. 여기에 사용된 흙벽돌 한 개의 크기는 보통 벽돌의 네 배나 됨직하게 크다.

우르 유물의 보고(寶庫) 왕실묘역

우르 왕궁 뒤쪽으로 돌아가면 2천여 평 규모의 왕실묘역이 있다. 발굴 작업 후 뒤처리가 제대로 되지 않아서인지, 아니면 파헤쳐진 묘역의 모습을 보여주고자 함인지 왕실묘역은 마치 집중폭격을 받은 것처럼 벌집 모양 웅덩이가 파인 채 방치되어 있다.

이 왕실묘역에는 약 2천 기의 무덤이 있었던 것으로 추산되고 있다. 어지럽게 파헤쳐진 왕실묘역의 동남쪽 부분은 지하도시처럼 지면 밑으로 벽돌 구조물이 늘어서 있다. 이 구역이 바로 왕과 왕비의 묘역으로서 바그다드와 세계 유명 박물관의 주요 소장품이 될 많은 유물이 발굴된 곳이다.

이 무덤 중에는 억울하게도 저세상까지 따라가 주인의 시중을 들도록 함께 숨이 끊긴 수십 명의 순장자들을 딸리는가 하면, 저승길 도중에 물길을 건널 수 있도록 여러 척의 미니 보트를 준비하며, 여행중에 무료함을 달랠 수 있도록 게임판을 준비하는 등 사후

우르의 많은 보물이
발굴된 왕실묘역

세계에서 불편없는 여행을 위하여 만반의 대비를 갖춘 주인도 있었다고 한다. 미니 보트는 지난번 갈대늪지대 마쉬에서 보았던 카누 모양의 보트 '마쉬 후프'와 조금도 다르지 않았다.

왕실묘역 북쪽 끝으로 가서 우르 제3왕조의 전성기를 이룬 슐기 왕의 무덤을 찾았다. 넓이가 2평 남짓한 그의 묘실은 7m 깊이의 지하 3층에 있는데 벽돌로 쌓은 천정은 위로 올라가면서 삼각형을 만들며 점점 좁아진다. 묘실 입구 맞은편 벽면에는 진흙으로 쌓은 높이 1m의 침상이 붙어 있다.

솔개 한 마리가 왕의 유해를 대신해서 침상 위에 둥지를 틀고 앉아 졸다가 뜻하지 않은 내방객에 놀라 푸드득거리며 날아가 버린다. 솔개가 날아가 버린 묘실 안에는 멀리서 갈대를 물어다 만든 둥지와 어지럽게 날리는 솔개 깃털만 남아 있다.

왕실묘역에서는 다음과 같은 기원전 2500년대의 소중한 유물들이 출토되었다.

① 메스칼람둑 왕의 황금투구 : 무게 1,030g이 되는 한 장의 황금

판을 두드려 만든 황금투구로 왕이 의례적인 행사에 착용했을 것으로 짐작되고 있다. 반만년의 세월이 흐르는 동안에도 황금 투구의 광채는 변함이 없다.

② 황금 소머리 하프 : 우르 제1왕조시대 푸아비(또는 슈바드) 왕비의 묘에서 출토된 이 하프 모양의 악기는 11개의 현이 있고 앞부분에 황금과 보석으로 박아 만든 황소머리의 장식이 있다. 이 황소장식은 옛 족장처럼 긴 수염을 늘이고 보석과 조개로 눈을 박았으며, 현의 음을 증폭시키는 목제 증폭관에도 황금과 보석으로 무늬를 박았다. 목질 부분은 부식되어 발굴 후에 다시 조립한 것이라 한다.

③ 황금보검 : 칼자루에 보석이 박힌 길이 40cm의 황금보검과 섬세하게 세공된 황금칼집 각 3개.

④ 청동제 단지, 꽃병, 술잔, 칼, 청동 보검, 여러 종류의 화살.

⑤ 조개, 돌, 타조, 알, 은제 등잔, 은제 미니 보트.

⑥ 황금의 나뭇잎과 장미로 장식된 왕비 관, 보석 목걸이, 귀걸이.

⑦ 도미노 게임판과 패, 주사위.

⑧ 신전 착공식전에서 우르 제3왕조 건국 왕 우르 남무 왕이 머리 위에 흙을 이고 나르는 모습의 청동제 조각과 같은 모양으로 슐기 왕이 흙을 나르는 신전 착공식 조각, 그 외에 이들 왕이 신전 착공식전에 바쳤던 왕과 신의 이름이 새겨진 녹암석의 오리와 개구리의 조각이 출토되었다.

⑨ 금으로 세공한 원뿔 모양의 화장도구 상자와 그 안의 머리뽑개, 귀후비개, 눈썹연필, 머리핀, 기타 보석 장신구류.

6. 그 밖의 고대 도시국가

수메르의 무역강국 라가쉬

라가쉬(Lagash : 기원전 2520~2109년)는 7번 국도를 따라 흐르는 가랏 강변 동쪽에 있던 도시국가로 우르에서는 북쪽으로 80km 거리가 된다. 이 도시국가는 기원전 2520년경 우르 난쉬(또는 우르 닌아)에 의하여 건국되었으며 아카드 멸망 후 한때 우르, 우룩, 키쉬 등 중부 이남의 모든 지역을 차지한 남부의 강국이었으나 결국 우르 제3왕조에 병합되었다.

라가쉬 제2왕조의 엔시(수메르 도시국가 의 왕) 구디 (Gudea : 재위 기원전 2144~ 2124년)는 바레인, 남부 아라

라가쉬의 엔시 구디의 이름과 주신(主神) 닝기르수(Ningirsu) 신전 건립 등의 업적이 새겨진 현무암 좌상

비아, 레바논 등지와 통상을 확대하고 국세 신장의 업적을 남긴 명군(明君)이었는데 사진이 없던 시절에 사람들은 구디의 모습을 본뜬 조각을 여러 개 만들고 그 표면에 그의 업적을 새겨 넣음으로써 후세 사람들에게 그의 모습과 함께 그에 관한 설명이 붙어 있는 훌륭한 타임캡슐을 전하고 있다.

앞 사진과 같은 내용의 좌상으로 머리부분은 발굴 후 석고로 만들어 붙인 것

마리

마리(Mari)는 시리아와 이라크의 국경이 통과하는 유프라테스 강변에 있던 고대 수메르 도시국가로 현재 시리아의 국경도시 알부 카말 부근에 있는 텔 하리리(Tel Hariri)가 바로 이 곳이다. 텔(Tel)이란 고대 유물이 출토된 낮은 언덕이나 구릉을 말하며, 옛 마리의 텔 하리리 유적지에서도 많은 유물이 출토되었다고 한다.

기원전 2500년경 안수드(또는 안부)라는 인물이 이 곳에 마리 제1왕조를 세워 왕이 된 후 마리는 국력이 점차 팽창되면서 유프라테스 강을 따라 여러 수메르 도시국가들을 정복하여 한때 우룩, 우르까지 걸치는 메소포타미아 대부분의 판도를 차지하기도 했다.

이 때 메소포타미아의 강국은 라가쉬였는데 당시 라가쉬는 내부 분쟁과 이웃 수메르 도시국가 움마의 침입으로 고전을 겪던 중

이었다. 마리는 이 때를 놓치지 않고 라가쉬를 공격하여 라가쉬의
엔시 에난나툼을 죽이고 메소포타미아의 패자로 군림했다.

그 후 마리 제1왕조는 136년 만에 망하여 아카드와 앗수르의 지
배를 받게 된다. 그리고 오랜 세월이 지난 후 짐리 림(Zimri Lim :
기원전 1782~1759년)이 나타나 앗수르의 세력을 축출하고 독립
을 쟁취한다. 그는 당시 팽창하는 고대 바빌로니아의 위협에 맞서
페르시아의 강국 엘람의 지원을 받는 남쪽 라르사와 동맹을 맺고
함무라비 왕의 군대에 대항했으나 결국 패망하게 된다.

라르사

우르 서북 40km 지점에 있는 라르사(Larsa : 기원전 2025~1763
년)는 엘람의 왕 쿠르드 마북에게 정복되어 그 위성국이 된 셈 계
의 왕국이다. 쿠르드 마북은 자신의 아들 와라드 신과 림신을 차례
로 라르사의 왕으로 앉혀 남부의 다른 수메르 국가를 정복하도록
했다. 그리하여 라르사는 페르시아의 강국 엘람의 전폭적인 지원
을 받아 남부 메소포타미아 전부를 차지하고 이 지역 강국으로 부
상했다.

그러나 얼마 후 함무라비 왕의 선남벌(先南伐) 후북정(後北征)
정책에 따라 끈질기게 공격해 오는 바빌로니아 군에 대항하여 27
년간 격전을 벌인 끝에 결국 패망하게 된다.

이신

우르에서 서북쪽으로 180km 떨어져 있어 우르와 바빌론의 중

간지점에 해당하는 이신(Isin : 기원전 2017~1794년)은 셈 인의 유입이 많아 수메르, 셈 등 다종족사회를 이룬 곳이었는데 당시 우르 왕국의 지방관 이시비 에라가 중앙정부의 약화를 틈타서 독립하여 스스로 왕이 됨으로써 이신도 왕국이 되었다. 그의 뒤를 이어 이신의 왕이 된 이쉬탈이 함무라비보다 150년 앞서 제정 공포한 성문법률은 후에 바그다드의 동남구역 텔 하말에서 발견된다.

세상일 중에는 뒤로 넘어져도 코가 깨지는 경우가 있는가 하면 엎어져도 떡 고물에 코를 박게 되는 경우가 있다는 말이 있다. 그런데 이 나라에서도 이런 경우를 보게 된다.

이신의 9대왕 에라 이미리 때의 일이었다. 어수선한 국내외 정세에 마음 심란해 있던 왕은 어느 날 신하를 시켜 점을 보게 하였다. 그런데 놀랍게도 그가 얻은 신탁은 왕좌에 앉아 있는 사람이 곧 죽게 된다는 것이었다. 놀란 그는 궁리 끝에 자기 대신에 별로 바쁜 일이 없을 것 같아 보이는 왕궁 정원사로 하여금 임시로 왕좌에 앉아서 일을 보도록 하였다.

물론 왕위까지 아주 넘겨 주려는 것은 아니었고 정원사가 왕좌에 앉아 일을 보던 중에 급살이라도 맞아 자신에게 올 액운을 대신 받게 한 연후에 다시 왕좌에 앉을 심산이었다.

그러나 이러한 묘책도 효험이 없이 어느 날 진짜 왕은 갑자기 죽고 말았다. 왕명에 충실했던 정원사는 왕이 죽은 후에도 평상시처럼 계속 왕좌에 앉아 일을 보았다. 정원사는 죽을 때까지 24년간이나 그 자리를 지켰는데 그가 바로 이신의 제10대왕 엔릴 바니였다. 이신은 그 뒤 라르사의 림신에게 정복된다.

에쉬누나

라르사와 비슷한 시기에 흥망을 겪는 에쉬누나(Eshnunna : 기
원전 1860~1760년)는 바그다드 동쪽 60km 거리에 카파지(Khafaji)
로 불리는 텔 아스마르를 도읍으로 하여 바그다드 지역까지 세력
권에 넣은 다민족 국가였다. 카파지에서는 기원전 2600~2400년에
이르기까지 우르, 우룩 등 고대 수메르의 유물이 다수 발굴된 곳이
다. 에쉬누나 왕국의 뛰어난 문화수준을 알려주는 유물이 바그다
드 동남구역에 있는 텔 하말과 텔 알 디바이에서 다수 발견되었다.

7. 바빌론

바벨탑의 행방

유프라테스 강 중류의 옛 도시 바빌론(Babylon)이란 지명은 본래 밥 일리(Bab-ili) 즉 '신(神)의 문'에서 유래한 것으로 그것은 이 도시를 둘러싼 성의 여러 성문이 각각 신들의 이름을 갖음으로 인해서 얻게 된 것이라 한다.

바빌론은 기원전 2300년경인 초기 아카드 시대만 해도 여러 수메르 도시국가의 왕권으로부터 다소 떨어진 변두리의 작은 마을에 지나지 않았다. 그러나 우르 제3왕조 말기에 셈 인들의 유입이 늘어나면서 규모가 큰 타운으로 성장했고 우르 왕국이 멸망한 뒤에는 토착 수메르인 외에 아카드, 앗수르, 엘람, 후리아, 구티, 아모리 등 여러 종족들이 몰려들어 도시를 이루게 되었다.

바벨탑에 관한 일은 바로 이 시기에 있었던 것으로 생각된다.

아마도 우르 제3왕조 말인 기원전 2010년쯤 수메르의 변두리 지역인 바빌론 주변의 수메르 주민들은 뒤늦게 이 곳에 달의 여신 난나께 경배하며 수메르 사회 통합에 기여할 수도 있는 지구라트를 건립하고자 했을 것이다. 그러나 곧 이어 보다 많은 셈의 종족들이 유입되면서 갈등이 야기되었고, 우르 제3왕조가 멸망하자 지

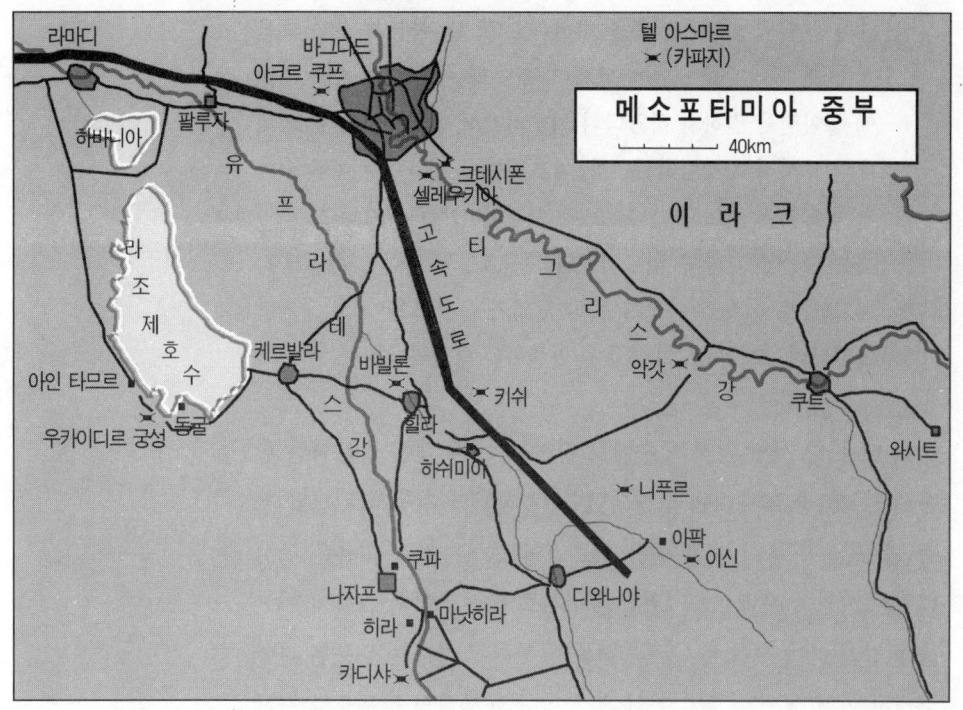

구라트 신탑 건설공사는 더 이상 진척되지 못하고 지지부진하게 되었다. 이 무렵 이 지역에 이따금 찾아오는 폭풍우가 몰려오고 탑 정상에 벼락이 떨어졌다. 사람들은 이것을 신의 노여움으로 생각하고 더 이상 공사를 계속하지 않기로 했다. 이것이 바로 바벨탑에 관한 내용이다.

구약성경은 고대 메소포타미아의 사정에 관하여 유용한 증언이 되는 내용을 군데군데 기록하고 있는데 창세기 11장에서는 바벨탑에 관하여 다음과 같이 설명하고 있다.

온 땅에 구음(口音)이 하나이요 언어가 하나이었더라. 이에 그들이 동방으로 옮기다가 시날 평지를 만나 거기 거하고 서로 말하되 자 벽돌을 만들어 견고히 굽자 하고 이에 벽돌로 돌을 대신하며 역청으로 진흙을 대신하고 또 말하되 자 성과 대를 쌓아 대 꼭대기를 하늘에 닿게 하여 우리 이름을 내고 온 지면에 흩어짐을 면하자 하였더니 여호와께서 인생들의 쌓은 성과 대를 보시려고 강림하셨더라. 여호와께서 가라사대 이 무리가 한 족속이요 언어도 하나이므로 이같이 시작하였으니 그 경영하는 일을 금지할 수 없으리로다…… 그들의 언어를 혼잡케 하여 그들로 서로 알아듣지 못하게 하자…… 그들이 성 쌓기를 그쳤더라. 그러므로 그 이름을 바벨이라 하니라.

위 내용 중 시날 평지는 수메르 평지를, 성과 대를 쌓는다는 말은 우르 제3왕조 시대에 성행되었던 각 지방의 지구라트 신탑 건축 열풍을, 이 무리가 한 족속이요 언어도 하나라는 내용은 당시 바빌론 지역이 수메르 인 단일 민족 사회임을 말하며 그들의 언어를 혼잡케 하여 그들로 서로 알아듣지 못하게 한다는 부분은 위에 소개된 여러 셈 종족들의 유입 후 복합 민족사회의 갈등으로 신탑 건설공사를 중도에 그만두게 되는 상황으로 이해된다.

그러면 공사가 중단된 바벨탑은 지금 어디에 어떠한 모습으로 서 있을까. 바빌론 유적지에서 사방을 둘러보고 이곳 저곳을 샅샅이 찾아보아도 탑은 구경을 할 수 없고 벽돌 건물의 폐허와 울퉁불퉁한 구릉지만 시야에 들어온다. 또한 현재의 바빌론은 신바빌로니아 시대에 건축된 도시이기 때문에 그보다 1,400여 년 앞선 우르 제3왕조 말기의 바벨 땅이 과연 현재의 바빌론 유적지와 일치하는지도 확실치 않다.

바빌론 배후도시 힐라에서 쿠파 방면으로 나가는 도로를 따라 15km쯤 가다 보면 보르시파(Borsippa) 또는 비르스 니므룻이라고 불리는 옛 바빌론 사람들의 종교도시의 폐허가 있다. 바빌로니아 시대에는 주신 마르둑의 아들인 나부 신(神)을 모셨던 곳이다. 이

바벨탑 상상도

곳에는 바빌론 일대에서 유일한 높이 47m의 허물어진 7층 신탑이
있다. 그리고 그 정상에는 벽돌이 벼락에 맞아서 검초록색 더미로
뭉쳐진 듯한 돌무더기가 있는데 이것이 바로 옛 바벨탑이 아닐까
추측해 본다.

쿠파로 통하는 도로 한편에는 유프라테스 강물을 끌어들여 물
을 무릎까지 채워 놓은 논에서 두 마리의 소가 쟁기를 끌고 가는
모습이 보인다. 그런가 하면 다른 쪽에서는 두세 명의 가족이 나란
히 서서 모내기를 한다. 너무나 눈에 익은 모습이지만 황무지와 사
막으로 둘러싸인 땅에서 모내기하는 것을 보니 오히려 신기한 느
낌이다.

바빌론의 역사

바빌론은 토착 수메르 이후 역대 신흥 강자들의 차지가 되어 다음과 같이 약 1,800년간 12차례에 걸쳐 주인이 바뀐다.

① 바빌론 제1왕조(기원전 1894~1594년. 아모리 왕국)

② 바빌론 제2왕조(기원전 1594~1580년. 수상국 제1왕조)

③ 바빌론 제3왕조(기원전 1580~1157년. 카시트 왕국)

④ 바빌론 제4왕조(기원전 1156~1025년. 이신 제2왕조, 바쉬 왕조)

⑤ 바빌론 제5왕조(기원전 1024~1004년. 수상국 제2왕조) : 이후의 바빌론 왕조들은 점차 강성해지는 아시리아의 명령을 무시하지 못하는 속국으로 변모해 간다.

⑥ 바빌론 제6왕조(기원전 1004~987년. 바수 또는 바지 왕조)

⑦ 바빌론 제7왕조(기원전 986~981년. 엘람 인)

⑧ 바빌론 제8왕조(기원전 980~732년)

⑨ 바빌론 제9왕조(기원전 731~627년) : 아시리아의 왕 또는 태자가 바빌론의 왕을 겸하는 아시리아의 전성기로서 계속되는 정복, 항쟁, 진압의 치열한 쟁투 속에서 바빌론은 최악의 수난을 겪게 된다.

⑩ 바빌론 제10왕조(기원전 626~539년. 칼데아 왕국)

⑪ 페르시아(기원전 538~331년. 아케메네스 제국)

⑫ 그리스(기원전 331~313년. 마케도니아 왕국)

1) 고대 바빌로니아 제국의 바빌론

기원전 1894년 서쪽에서 대거 이주해 온 아모리 인(Amorites)들

바빌론 왕 옥좌
뒤의 채색 벽돌무늬

은 무정부 상태인 바빌론을 수도로 정하고 바빌로니아 왕국을 세운다.

아모리(Amorite) 왕조, 또는 바빌론 제1왕조로 불리는 고대 바빌로니아의 여섯번째 왕인 함무라비는 아모리 전사들로 구성된 강력한 부대를 동원하여 주위의 여러 도시국가들을 정복한 다음 동남쪽으로 라르사를 공격한다. 그러나 엘람의 지원을 받는 라르사를 정복하기 위해서 27년간의 힘겨운 전쟁을 치러야 했다.

남부지역을 평정한 함무라비 왕은 군대를 북으로 돌려 신흥 아시리아를 격파하고 그 도읍인 앗수르를 점령하며, 유프라테스 강을 거슬러 올라가 시리아 지역의 많은 도시국가를 정복하여 고대 바빌로니아 제국을 건설한다.

그는 정복된 여러 국가들의 법령·관습·관행 등을 수집 연구한 끝에 360년 전의 우르 남무 법을 기초로 하여 하나의 통일된 법전, 즉 함무라비 법을 제정한다. 함무라비 왕 이후 고대 바빌로니아는 급속히 약화되어 기원전 1594년 터키에서 내려온 히타이트족에게 멸망된다.

오늘날 바빌론에서는 고대 바빌로니아의 흔적은 찾을 수 없다. 너무 오랜 시간 너무나 많은 시련을 겪었기 때문이다. 다만 프랑스

루브르 박물관에서 복제해 온 함무라비 법비(法碑)가 설치된 함무라비 관이 바빌론 유적지 진입로에 있어 그 내용을 알아볼 수 있을 뿐이다.

2) 함무라비 법전

함무라비 왕은 자신이 제정한 법률을 높이 225cm의 검고 단단한 섬록암에 아카드 어로 기록했는데 제일 윗부분에는 상징적인 부조가 조각되어 있고, 전문(前文), 본문 282개 조의 법조문, 그리고 기원문의 순으로 되어 있다.

비문의 제일 위에 새겨진 부조에는 태양의 신이며 정의와 심판을 관장하는 샤마시 신이 옥좌에 앉아서 함무라비 왕에게 왼손으로 법전을, 오른손으로 왕권의 상징인 홀(笏)과 척도를 내주고 있다. 이들의 차림새는 함무라비 왕의 아모리 식 짧은 수염을 제외하고는 수메르 인의 복식에 의한 것이라 한다.

그 다음 전문에는 바빌로니아의 주신(主神) 마르둑이 함무라비에게 세상의 정의 구현을 하명한 경위를 적었고 제일 끝의 기원문에는 이 비문에 새겨진 내용을 변경하는 자, 함무라비의 이름을 지우고 다른 이름

함무라비 법비

으로 바꾸는 자, 이 법의 규정에 따르지 않는 자에게 여러 신들이 각기 불운(不運)과 파멸의 벌을 내리도록 기원하는 저주의 글이 새겨져 있다.

함무라비 법전이 새겨진 비석을 세웠던 위치는 바빌론의 마르 둑 신전이라고도 하고 그 60km 북쪽의 시파르에 세워졌다고도 한다.

기원전 1157년 엘람 왕 슈트루크 나훈테가 군대를 이끌고 침입하여 바빌론을 함락시키고 당시 바빌론을 지배하던 바빌론 제3왕조 즉 카시트 왕국을 멸망시켰다.

그리고 개선해서 돌아가면서 바빌론과 그 주위의 모든 재물을 전리품으로 약탈해 갔는데 이 때 함무라비의 법비도 엘람의 도읍 수사로 실려 갔다. 엘람 왕은 법비의 기원문에 새겨진 지독한 저주에도 개의치 않고 282개 조문 중 28개 조문을 지워 버렸다. 돌이 너무나 견고하여 더 이상 지우는 것을 포기했다고도 한다.

그 후 3,060여 년이 지난 서기 1902년 카르헤 강변에 있는 엘람의 고도(古都) 수사의 폐허를 탐사하던 프랑스의 동양학자 장 뱅상 셰유(Jean-Vincent Scheil)가 작은 언덕에서 흙 밖으로 표면을 조금 드러낸 검은 돌덩이를 발견하게 되었다. 그는 신비한 글자로 가득찬 이 비석을 파리로 운반해 갔다. 이렇게 해서 함무라비 법전은 세상에 다시 모습을 나타냈고 3,700년 전 옛 바빌로니아의 여러 제도가 밝혀지게 되었다.

함무라비 법의 근간은 눈에는 눈, 이에는 이의 상응한 처벌과 남존여비의 사상으로 일관되어 있다. 오늘날 우리가 상황을 인식함에 무리가 없는 일부 내용을 골라 아래에 소개한다.

〔함무라비 법 발췌〕

제1조 살인자를 고발한 자가 이를 증명하지 못하면 고발자를 사형
      에 처한다.

제7조 금·은·노예·양·당나귀 등을 증인 또는 계약서 없이 사
      거나 담보로 받는 자는 도둑으로 보아 사형에 처한다.

제14조 어린이를 유괴한 자는 사형에 처한다.

제21조 남의 집에 숨어든 자는 그가 들어온 곳에 목을 매어 단다.

제25조 불난 집에 불을 끄러 가서 물건을 훔치는 자는 그 불 속으
      로 던져넣는다.

제129조 남편 있는 부녀자가 외간 남자와 동침하다가 발견되면 둘
      을 한데 묶어 강물에 집어던진다. 그러나 남편이 그 아내의 죽
      음을 원치 않을 경우 왕은 그녀를 남편의 종으로 하여 살려 줄
      수 있다.

제141조 가사를 돌보지 않고 밖으로 나돌아다니며 남편의 험담을
      일삼는 여자는 처벌한다. 이 때 남편이 이혼을 하고자 하면 이
      혼은 유효하게 성립하되 위자료를 한 푼도 주지 않는다. 그 남
      편이 이혼을 원치 않는 경우 여자는 남편의 노비로 그 집에 살
      되 남편은 다른 여자와 다시 결혼할 수 있다.

제154조 제 딸의 육체를 아는 자는 추방한다.

제188조 장인(匠人)이 어느 남자아이를 양자로 삼아 기술을 전수
      하고자 데리고 간 후에 기술을 가르치면 그는 아이를 부모에게
      돌려보내지 않아도 된다. 그러나 기술을 전수하지 않은 경우에
      는 아이를 그 부모에게 돌려보내야 한다.

제209~214조 자유민 소생의 부녀자를 때려 낙태하게 한 자는 그
      부녀자가 죽은 경우에 그자의 딸을 죽인다. 농노 소생의 부녀
      자를 때려 낙태하게 한 자는 은 1/2마네를 배상해야 한다. 노예

인 부녀자를 때려 낙태하게 한 자는 은 2세겔, 죽게 한 자는 1/3 마네를 지불해야 한다.

제244조 남에게 세를 내어 얻은 소나 나귀가 들판에서 사자에게 물려 죽은 경우에 세를 얻은 사람에게 책임을 물을 수 없다. 그러나 세를 낸 자의 부주의나 구타로 세낸 소나 나귀가 죽은 경우 임차인은 다른 소나 나귀로 대치하여야 한다.

제257조 농장 일꾼의 노임은 연 8구르, 소치는 사람의 노임은 연 6구르로 한다.

제259조 수차를 분실한 자는 소유주에게 은 5세겔을 배상해야 한다.

함무라비 법전의
지방보조법을
기록한 토비

제260조 쟁기나 써레를 분실한 자는 소유주에게 은 3세겔을 배상해야 한다.

제268조 탈곡작업을 위하여 수소를 빌리는 경우의 세액은 20실라, 나귀는 10실라, 어린 마소는 1실라의 곡식으로 한다.

이러한 함무라비 법 이외에도 지방에 따라 두터운 진흙판에 새겨진 보조법령이 시행되었는데 그 중 하나가 니므룻에서 발견되어 보존되고 있다.

3) 아시리아의 철권통치

고대 바빌로니아 이전에도 우르 제3왕조 멸망 후 바빌론은 이미 아시리아의 세력권 안에 있었다. 그러던 차에 바빌로니아가 멸망하자 아시리아는 다시 바빌론에 대하여 위협적인 존재가 되었다. 기원전 980년 아시리아는 바빌론을 재차 정복하여 직접통치를 시작하고 바빌론은 가혹해지는 억압에 반발하여 기회만 있으면 반란을 일으켰다.

그 결과 아시리아는 기원전 740~648년에 걸쳐 약 70년간 8회 이상 바빌론의 반란을 진압하기 위하여 출병해야 했다. 그리고 횟수가 거듭됨에 따라 쌍방의 감정은 격화되어 아시리아는 바빌론의 반란에 대하여 싹쓸이식 보복전으로 응징하고 바빌론에서는 도시의 초토화와 재건이 반복되었다.

아시리아의 철권 왕 산헤립은 재위 중 세 차례에 걸친 바빌론의 반란을 진압해야 했다. 그 중에 한 번은 바빌론 왕으로 임명된 자신의 아들이 바빌론 민중에 의하여 아시리아와 견원지간인 엘람에게 넘겨진 경우였다. 산헤립 왕은 두 차례나 바빌론을 불태우고 사원을 허물며 유프라테스 강의 물길을 바빌론으로 돌려 도시를 쓸어버리는 초강경 응징으로 지겨운 반란을 종식시키려 했으나 효과가 없었다.

그의 뒤를 계승한 에살핫돈에게는 샤마시 숨 우킨과 앗수르바니팔의 두 아들이 있었다. 그는 먼저 장남 샤마시를 바빌론의 왕으로 앉혔다. 그리고 후에 다른 아들 앗수르바니팔에게 아시리아의 왕위를 물려줬다.

그는 이들 두 형제가 서로 협력하여 바빌론과 아시리아를 사이 좋게 통치할 것으로 기대했다. 사실 처음 20년간은 그랬다. 그러자 바빌론의 장로와 사제들이 샤마시를 꼬드기기 시작했다. '지금 무

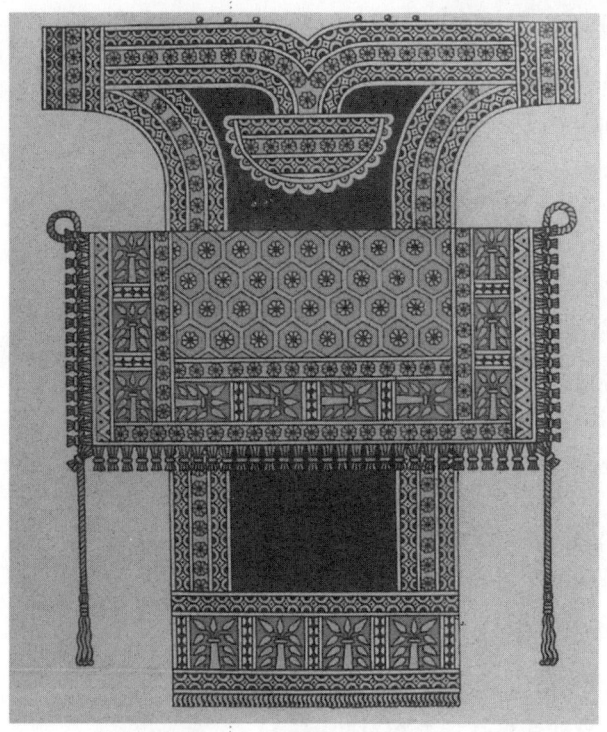

바빌론 제2왕조
마르둑 나딘 아헤
왕(기원전
1106~1091)의 왕복

언가 아주 잘못되어 있습니다 전하! 어떻게 아우가 형에게 명령을 내릴 수 있습니까? 이제 와서 형과 아우가 자리를 바꿀 수 없다 하더라도 더 이상 형이 아우의 발밑에 엎드려 사는 세상을 살 수는 없습니다. 바빌론의 왕이시여, 분연히 떨쳐 일어나소서!' 드디어 샤마시는 메소포타미아의 천적(天敵)인 엘람을 비롯하여 시리아의 아람 그리고 아랍 부족과 은밀히 손을 잡고 아시리아 왕인 동생에게 선전을 포고했다.

동생 앗수르바니팔은 용맹스럽고 영명한 군주였다. 아시리아 군대는 신속히 움직여 반란 후 곧 바빌론 성을 에워쌌다. 그리고 마른 풀을 산같이 쌓은 다음 불을 질렀다. 불길은 바람을 타고 성 안을 엄습하여 바빌론의 병사들은 성루의 수비 위치를 떠나 불길을 피해 숨을 곳을 찾았고 불길이 옮겨붙은 도시에서는 화염과 연기가 하늘을 뒤덮었다.

바빌론은 또다시 함락되고 샤마시는 불타는 그의 궁전에서 최후를 마쳤다. 복수심에 불타는 앗수르바니팔은 다른 반역 동맹국들을 평정한 다음 서남 페르시아로 엘람을 추격해 들어가 카르헤 강가에 있는 엘람의 도읍 수사를 함락시켜 불태우고 엘람 왕들의 묘를 모두 파헤쳐 버렸다. 형제간의 살육전으로 눈물을 뿌린 앗수르바니팔은 그 후 관례대로 자신의 왕자를 바빌론의 왕위에 앉히지 않고 칼데아 인 칸달라누를 바빌론의 왕으로 임명했다. 그리고 이것은 후에 아시리아의 목을 끊을 칼을 칼데아 인에게 건네준 격이 되었다.

오늘날 대부분의 아시리아 인과 길다니안(바빌론 지역의 칼데아 인)들은 바빌론과 아시리아 형제 왕 사이의 전쟁을 계기로 하여 그들 종족이 갈라진 것이라고 생각하고 있으나 그것은 물론 잘못 알고 있는 것이다.

4) 바빌론의 영광 신바빌로니아

아시리아 말기의 내분을 틈타서 바빌론에서는 칼데아의 왕자 나보폴라사르가 독립을 선언하고 기원전 626년, 후에 신바빌로니아 제국이라고 불리는 칼데아의 왕국을 건국한다. 그리고 북쪽 메디아 즉 메데 제국의 키악사레스 왕과 동맹을 맺고 아시리아를 남북에서 협공하여 멸망시킨다.

이야기는 위로 거슬러 올라가 수상국 칼데아의 왕 브로닥 발라단이 잠시 바빌론을 차지하고 있을 때의 일이다. 당시에 이스라엘 왕국은 이미 아시리아에 멸망되고 예루살렘을 도읍으로 하는 유대 왕국이 여러 차례 폭풍처럼 몰아닥치는 아시리아의 강력한 공격에도 불구하고 힘겹게 버티고 있던 참이었다. 아시리아가 물러가자 유대 왕 히스기야는 너무나 힘들고 놀랐던 탓인지 그만 죽을 병이 들고 말았다. 그 상황을 구약성경은 다음과 같이 기록하고 있다.

바벨론의 왕 브로닥 발라단이 히스기야가 병들었다 함을 듣고 편지와 예물을 저에게 보낸지라 히스기야가 사자의 말을 듣고 자기 보물고의 금은과 향품과 보배로운 기름과 그 군기고와 내탕고의 모든 것을 다 사자에게 보였는데 무릇 왕궁과 그 나라 안에 있는 것을 저에게 보이지 않은 것이 없느니라.

선지자 이사야가 히스기야에게 나와서 이르되 이 사람들이 무슨 말을 하였으며 어디서부터 왕에게 왔나이까. 히스기야가 가로되 먼 지방 바벨론에서 왔나이다. 이사야가 가로되 저희가 왕궁에서 무엇을 보았나이까. 히스기야가 대답하되 내 궁에 있는 것을 저희가 다 보았나니 나의 내탕고에서 하나도 보이지 아니한 것이 없나이다.

이사야가 히스기야에게 이르되 여호와의 말씀을 들으소서. 여호와의 말씀이 날이 이르리니 무릇 왕궁의 모든 것과 왕의 열조가 오늘까지 쌓아 두었던 것을 바벨론으로 옮긴 바 되고 하나도 남지 아니할 것이요 또 왕의 몸에서 날 아들 중에서 사로 잡혀 바벨론 왕궁의 환관이 되리라 하셨나이다. (열왕기 하 20 : 12)

위 대화 중에 언급되는 바벨론의 왕 발라단에 관하여서는 마쉬의 역사에서 기술된 바 있다.

기원전 605년 나보폴라사르가 죽자 이집트 국경에 원정중이던 그의 아들 느부갓네살(Nebuchadnezzar Ⅱ)이 급거 귀국해 왕위에 오른다. 그리고 기원전 597년 이집트 파라오의 부추김을 받은 유대 왕 여호야킴(Jehoiachim)이 칼데아 왕국을 배반하여 이집트와 친교를 맺자 오래 전 발라단의 사자(使者)가 전하여 유명해진 유대 왕궁의 보물창고에 관심이 있었던 느부갓네살은 기다렸다는 듯 즉각 군대를 동원하여 예루살렘을 함락시킨다.

구약성경은 바빌론의 군사들이 예전에 발라단의 사자가 히스기

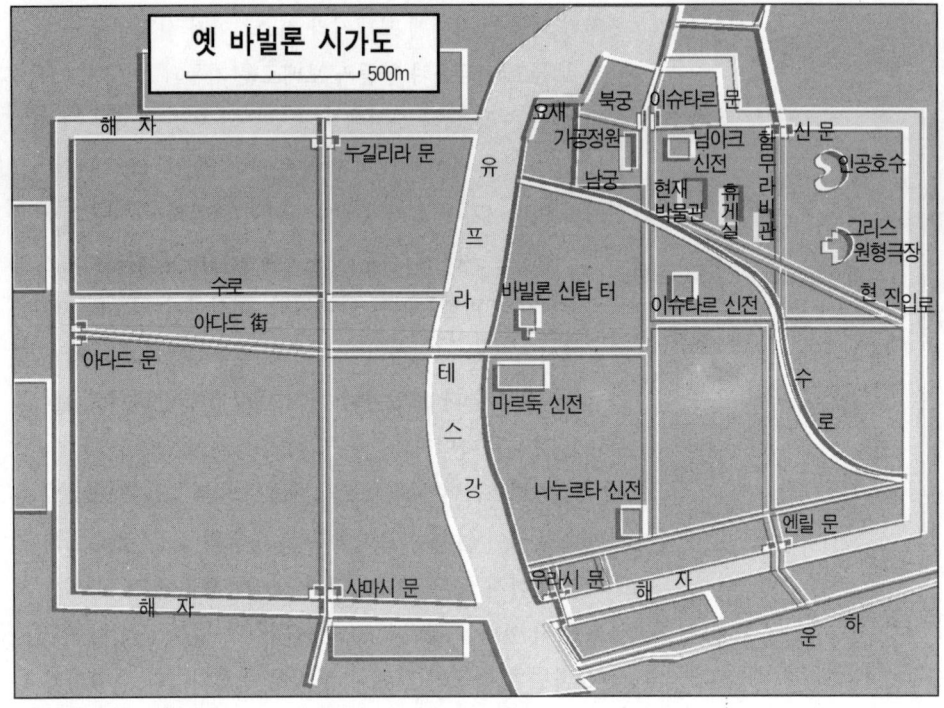

야의 궁전 보물창고에서 본 것들을 모두 전리품으로 가지고 갔다
고 기록하고 있다(열왕기 하 24장). 그리고 이 때에 유대의 왕과 그
주민 1만 명도 바빌론으로 끌려간다.

9년 후 유대 왕 시드기야가 또다시 칼데아 왕국을 배반하자 느
부갓네살은 솔로몬 신전의 모든 보물과 장식을 들어내고, 예루살
렘을 철저히 파괴한 다음 예루살렘 성벽을 허물며 왕과 주민 약 4
만 명을 끌어다 바빌론·키쉬·니푸르 등지로 이주시킴으로써 유
대인은 오랫동안 나라 없는 민족으로 떠돌게 된다. 이 때의 사정은
구약성경 열왕기 하 24, 25장에 자세히 기록되어 있다.

기원전 562년 느부갓네살이 죽은 후 여호와에 대한 유대인들의
신앙을 방임하던 그의 아들이 2년 만에 바빌론의 사제들에 의하여
왕위에서 쫓겨나고 왕권은 흔들리기 시작했다. 4년 9개월 만에 다

른 2명의 왕이 죽어 나간 후 아마도 시리아의 아람 인으로 전해지는 나이 많고 건실한 나보니두스가 왕이 되었다. 그는 그의 아들 벨샤쟈르(Bel-sha-usur, Belshazzar)에게 내정을 맡기고 시리아를 거쳐 이집트로 긴 원정의 길에 올랐다. 그러나 전투는 교착 상태에 빠진 채 진척이 없고 나보니두스는 바빌론 서남 1천 km 떨어진 이집트의 국경 테마에서 발이 묶여 있었다.

이즈음 페르시아에서는 아케메네스 왕조가 일어나 맹렬한 위세로 주위를 정복하며 바빌론 쪽으로 다가오고 있었다. 기원전 539년 키루스(Cyrus Ⅱ) 왕이 달려와 바빌론을 에워싸자 바빌론의 사제들은 성문을 열었다. 키루스 왕은 입성하자 서둘러 바빌론의 신 마르둑의 신전에 엎드려 경배를 올리고 바빌론 사제를 비롯한 민

바빌론 상상도

중의 환심을 샀다. 그리고 유대인들에게 자유를 주어 모두 고향으로 돌아가게 했다.

이리하여 신바빌로니아로 불리는 칼데아 왕국은 87년 만에 붕괴되고 이 때까지 바빌론을 차지했던 주인공들은 영원히 역사의 뒤로 사라졌다. 바빌론은 그 후 뒤늦게 페르시아로부터 독립을 꾀하다가 실패하여 그 대가로 페르시아 왕에 의하여 쑥밭이 되다시피 파괴되기 전까지 페르시아 왕들이 겨울철을 지내는 동계(冬季) 왕도가 된다.

5) 알렉산더의 바빌론

메소포타미아를 정복한 페르시아는 서쪽으로 전진을 계속하여 그리스와 충돌한다. 그러나 오랜 전쟁 후 마케도니아의 알렉산더 대왕의 출현으로 국면은 바뀌어 페르시아가 밀리게 된다. 시리아와 이집트를 정복한 알렉산더는 메소포타미아로 들어와 북부 에르빌 근방의 가우가멜라 전투에서 다리우스 3세의 페르시아 군을 대파하고 기원전 331년 바빌론에 입성한다.

그는 이 곳에서 잠시 머물다가 곧 페르시아, 인도 원정에 나선다. 그리고 인도 원정에서 돌아와 바빌론에서 사흘 동안 술을 마신 끝에 기원전 323년 급병에 걸려 33세의 생애를 마친다.

알렉산더 사후에 그의 장군들은 세력다툼을 벌인 결과 셀레우쿠스 니카토르(Seleucus Nicator)가 페르시아와 메소포타미아를 차지하여 셀레우키드 왕국을 세우고 시리아까지 그의 영토를 확장한다.

셀레우쿠스는 바빌론에서 70km 동북쪽의 티그리스 강변에 자신의 이름을 따서 새로운 도시 셀레우키아를 건설하고 그 곳으로 도읍을 옮긴다. 그리하여 메소포타미아의 중심은 셀레우키아로 옮겨져 사람들은 바빌론을 떠나고 인적 없는 도시는 폐허가 된다.

바빌론 유적지

바그다드에서 남쪽으로 100km 거리의 8번 국도 변에 바빌 도
(道)의 중심지이며 도청 소재지인 힐라가 있다. 도시 진입 10km 전
에 서쪽으로 갈라지는 구도로가 있고 이 도로를 따라 2km 가량 들
어가면 바빌론 유적지가 있다. 1988년까지도 8번 국도가 유적지
입구를 통과하여 힐라 도심을 통과했으나 교통의 혼잡과 지체를
피하기 위하여 인근 고속도로 인터체인지 건설과 연계하여 국도
는 동쪽으로 이동됐다.

현재의 바빌론은 신바빌로니아의 느부갓네살 2세(기원전 605~
562년) 시대에 재건축된 것으로 도시 외곽을 둘레 16km의 외성이
둘러싸고 그 안쪽에 둘레 8km의 내성이 있었다. 그러나 성곽 구조

바빌론 유적지.
푸른 문은 옛
이슈타르 문의 실물
모형으로 바빌론
박물관의 정문으로
이용된다.

바빌론의 주신
마르둑의 상징인
괴룡(怪龍)
무쉬후쉬의 모양을
채색벽돌로 박은 것

물의 재질이 벽돌인데다 수천 년 간 방치됨으로써 성벽은 모두 허물어져 황무지의 일부가 되어 버리고 지상에서는 그 흔적조차 찾을 수 없다. 다만 지하에 묻힌 벽돌더미가 부분적으로 모습을 드러낼 뿐이다.

유적지 입구에 들어서면 근래에 복원된 건축물로서 알렉산더 통치시대에 건설된 그리스의 계단식 원형 노천극장이 먼저 보인다. 객석은 2천 명 정도를 수용할 수 있는 규모로 바빌론에서 제일 큰 구조물이다. 입구에서 300m 안쪽으로는 함무라비 기념관이 있어 루브르 박물관에 있는 함무라비 법비의 복제품이 전시되고 있다.

거기서 300m 가량 더 들어가면 전쟁의 여신 이슈타르를 위하여 세워진 이슈타르 문의 짙은 남색 실물 모형이 세워져 있다. 이 문은 현재 느부갓네살 박물관이란 이름을 갖는 조촐한 바빌론 박물관의 정문으로 이용되고 있다.

박물관 안에는 옛 바빌로니아 시대의 문자가 새겨진 붉은 점토

판, 바벨탑 상상 모형, 당시의 기물 등이 전시되어 있다. 다른 방에
는 벽면 가득히 이슈타르의 상징인 사자의 모습이 천연색 벽돌 모
자이크로 박혀 있고, 그 맞은편 벽면에는 바빌론의 주신 마르둑을
상징하는 '무쉬후쉬'의 벽돌 모자이크가 있다. '무쉬후쉬'의 모습
을 보면 두 개의 앞발은 사자의 발, 두 개의 뒷발은 독수리의 발,
몸체는 기린, 꼬리는 뱀, 머리는 용의 형상이다.

박물관 뒤편의 쪽문을 나와 북쪽으로 나가면 정면으로 신바빌
로니아 시대에 개선 행진로로 이용됐다는 통로가 지하에 50여 m
발굴되어 있고, 왼쪽에 복원중에 있는 느부갓네살 왕궁이라고도
불리는 남궁(南宮)의 모습을 볼 수 있다. 이 건물의 규모는 190×
300m로서 면적이 1만 7,200평이고 왕좌가 놓였던 궁정은 50×25m
로서 380평 규모다. 또한 유명한 바빌론의 가공정원도 이 왕궁의
일부였다고 한다.

가공정원(架空庭園)이란 공중에 걸쳐져 있는 정원이란 뜻이다.
느부갓네살 왕의 왕비 아미티스는 쿠르드 인의 옛 제국 메디아의

신바빌로니아 시대
개선행진로
지하가도의 일부

공주였다. 느부갓네살이 태자 시절에 아시리아를 공격하기에 앞서 메디아와 동맹을 맺으면서 동맹국으로서 우의를 다지기 위하여 메디아의 공주 아미티스를 아내로 맞아들인 것이다.

지하가도 벽돌 양각무늬

아미티스가 살던 곳은 서북 페르시아의 시원한 고원지대였으므로 그녀는 바빌론의 뜨거운 날씨를 견뎌낼 수 없었다. 느부갓네살은 뜨거운 기후와 열풍에 고생하는 왕비를 위하여 두터운 벽돌 왕궁을 짓고 그 위 2층 3층에 가공정원을 꾸몄다. 정원의 꼭대기에서는 하루 종일 가공정원과 왕궁 건물 주변에 분수처럼 이슬비를 내뿜었다.

고온의 건조한 공기 속에서 이슬비는 주위의 뜨거운 열기를 흡수하여 순식간에 증발되어 날아갔다. 그리하여 가공정원과 그 주변 왕궁 건물은 뜨거운 열기 속에서도 항상 서늘한 기온을 유지하게 되었고 왕비는 시원한 궁실에서 가공정원의 온갖 아름다운 화초를 바라보며 여름에도 무더위를 모르고 지내게 되었다.

이라크 정부에서는 가공정원을 복원하기 위하여 물을 끌어올려 이슬을 내뿜는 상황을 재현시킬 수 있는 장치에 관한 아이디어를 100만 디나르의 현상금을 걸고 모집한다는 말이 있었으나 그 후에 누구의 아이디어가 당첨되어 현상금을 받았다는 소식은 듣지 못했다.

칼데아 군사가 외국 원정에서 돌아와 개선행진을 했다는 행진로는 느부갓네살 궁의 벽면을 따라 뻗쳐 있다. 도로의 폭은 4m 남짓, 부대가 행진하기에는 좁은 규모다.

행진로 양쪽에 서있는 왕궁 벽면의 벽돌에는 바빌론의 주신 마르둑의 상징인 '무쉬후쉬'와 폭풍의 신 아다드를 상징하는 황소가 양각(陽刻)되어 열을 지어 있다.

행진로 북쪽 끝에 이르러 주위를 둘러보면 복원공사를 하면서 밀어낸 옛 벽돌더미와 흙더미가 여기저기 쌓여 있는 저편으로 500m 거리에 신바빌로니아 시대에 만들어진 것으로 알려지는 '바빌론의 사자' 석상이 서 있다.

석상의 모습은 여자가 반듯이 누워 있고 그 위에 사자가 덮쳐오르는 형상으로 되어 있는데, 옛날 어느 오누이가 전쟁으로 주민

바빌론의 사자석상

들이 모두 죽고 적에게 끌려가고 그들만 남게 되자 서로 부부가 되기로 하고 동침하는 순간 남자가 사자로 변해 버렸다는 것이다. 이 사자 석상은 근친혼 풍습이 있는 중동사회에서 친 오누이간의 성적관계에 대한 경고의 뜻으로 세워진 것이라 한다.

목축을 생업으로 하는 중동지역 주민들은 피차 주거지가 고정되어 있지 않을 뿐 아니라 역사적으로 외래인들의 왕래와 진퇴가 빈번하고 그들로부터 살육과 약탈의 피해를 당하다 보니 외래인에 대한 경계심을 늦출 수 없다.

더구나 어디로 떠돌아다닐지도 모를 외래인들에게 귀여운 딸이나 여동생을 넘겨주는 것은 성적 농락을 끝낸 후에 황량한 사막에서 노예로 팔아 버리라고 위탁하는 것이나 다를 것 없다. 이러한 환경에서 결혼상대의 선택 기준은 자연히 신뢰성에 비중을 두게 되었고 혼기를 앞둔 여성들이 가장 믿을 수 있는 첫번째 결혼상대로는 친형제를 제외한다면 사촌형제가 0순위로 떠오르게 되었다.

물론 사촌이 거부 의사를 분명히 하거나 사촌 형제가 없는 경우에는 다른 사람을 찾을 수밖에 없으나 가급적이면 가까운 친지 쪽에서 상대를 물색한다. 아브라함이 그 이복동생 사라와 결혼하며 후에 기술하듯이 예언자 마호메트가 그 딸을 자신의 사촌에게 주어 숙질 간에 혼인하도록 한 옛 사례는 결혼풍조의 일면을 보여준다. 그러나 이러한 근친혼 풍습도 도시사회의 발달과 현대문명의 보급으로 점차 감소하는 현상을 보이고 있다.

기왕 내친 김에 어떤 결혼 사례를 한 가지 소개하기로 한다. 내가 일하던 곳에는 페르시아 공주처럼 아름다운 방년 20세의 초급대학 출신 쿠르드 인 건축 설계사 아가씨가 있었다. 그녀의 이름은 '알라'였는데 아버지는 키르쿡 재판소 판사였으며 후리후리한 키의 사촌오빠는 키르쿡 경찰서 교통경찰이었다. 둘은 서로 사랑했고 당연히 정혼을 했다. 이 나라가 처한 사회 현실을 감안할 때 사실 결혼상대로서 이렇게 만족스러운 조건을 구비한 사촌지간도 흔한 것이 아니었다. 그들은 남들이 부러워할 만한 여건을 거의 모두 구비한 셈이었고 행복만이 그들을 기다리는 듯했다.

살라우딘 도(道)의 교통경찰은 차내(車內) 커튼 등 불법 부착물에 신경을 많이 쓰고 알 타밈 도의 키르쿡 교통경찰은 안전벨트 착용 여부를 집중 단속한다. 어느 날 그녀의 약혼자인 사촌은 키르쿡 교외에서 야간에 안전벨트 미착용 운전자를 단속하다가 검문에 불응하고 도주하는 차량에 치어 그만 죽고 말았다.

얼마 후 그녀의 아버지는 한 남자를 집으로 데리고 왔는데, 그는 키가 작고 배가 불룩 튀어 나왔으며 교양도 없어 보일 뿐 아니라 나이는 서른일곱이었다. 아버지는 알라에게 앞으로 결혼해서 함께 살아야 할 남자라고 소개했다. 그는 술레마니아에 많은 토지를 갖고 있는 부자답게 오래 된 것이긴 했지만 벤츠 승용차를 타고 와서 금목걸이, 금귀고리, 금팔찌 등 패물을 탁자 위에 내놓고 갔다. 이 나라에서 결혼예물로서 금붙이는 필수적이다. 가정집 부인들은 대개 보석함을 하나씩 가지고 있다. 부인들이 늙어 임종 무렵이 되면 자신이 결혼예물로 받은 금붙이를 보석함에 함께 넣어 며느리에게 물려준다.

남자가 돌아간 뒤 시무룩해하는 알라에게 그녀의 아버지는 비록 나이 차이도 많고 외모도 거슬리겠지만 이 어려운 시기에 경제력 튼튼한 것처럼 좋은 조건도 없다며 앞으로 노력하면 같이 잘 살지 못할 것도 없다고 말했다. 그 남자가 소유한 재산으로 말한다면 사실 그 때나 지금이나 누구도 반대할 형편이 아니었다. 한 달후에 알라는 그 남자와 약혼을 했다. 이 나라에서는 약혼 후에 남자가 언제라도 여자의 집을 출입할 수 있는 관습이 있다.

어느 날 저녁에도 약혼한 남자가 찾아와 알라의 식구들과 함께 식사를 하게 되었다. 식사중에 남자가 알라에게 물을 떠오라고 말했다. 그러나 알라는 다른 생각에 깊이 빠져 있던 참이어서 그 말을 얼른 알아듣지 못했다. 그러자 남자는 화를 내며 식사중인 알라의 뺨을 때렸다. 모두들 아연했으나 그것도 정혼한 남자의 당연한 권리로 생각할 수밖에 없었다.

다음 날 그는 알라의 직장에 나와 자신의 약혼녀가 결혼준비 관계로 더 이상 직장에 출근하지 않는다고 통지했다. 결혼식 날짜는 정해지지 않았지만 그와는 관계 없이 남자는 신부측의 동의를 얻어 법원에 결혼신고를 냈다. 신부측에 청혼금 3천 디나르를 내고, 이혼하는 경우에는 혼인 위약금으로 신부측에 다시 6천 디나르를 주는 조건이었다. 모두들 알라와 같은 미녀라면 청혼금이 못해도 6천 디나르는 되어야 하는데 3천 디나르에 데려가다니 도둑놈이나 마찬가지라고 분개해했다.

사촌지간이나 기독교도들은 청혼금을 주고받지 않는 경우도 많으나 그 외에는 청혼금을 먼저 주고 이혼 위자료도 미리 정하는 것이 보통이다. 청혼금은 여자의 자질에 따라 차이가 있어서 중졸 학력에 수수한 용모의 신부는 3천 디나르, 대학을 졸업한 미인은 6천~8천 디나르 수준이다. 이 금액은 하급 공무원들의 평균 월급이 120디나르 하던 때의 얘기이다.

행진로 남쪽에는 느부갓네살 왕이 재건했다는 주신 마르둑의 에사길라 신전이 있으나 그 구역은 마치 시골 흙벽돌 골목을 옮겨놓은 듯 허름한 단층 벽돌 건물이 몰려 있어 별다른 특징을 찾을 수 없다.

또한 느부갓네살이 건설했다는 밑변의 길이가 각각 91×91m에 면적 2,500평, 높이 91m의 '에테메난키' 바빌론 신탑은 현재 그 터만 남아 있으나 미발굴 지역이라 하여 다른 대부분의 구역과 마찬가지로 출입금지 구역으로 되어 있다.

그러나 아주 오랜 사진을 보아도 바빌론 탑은 10m 깊이로 기초부분이 파헤쳐져 있을 뿐 흔적을 찾아볼 수 없다. 높이 91m의 신탑이라면 오랜 세월에 허물어져 있다 해도 지금 제법 큰 산 봉우리로 남아 있어야 할 터인데 본체는 흔적도 없고 웅덩이만 남아 있다니 과연 느부갓네살은 신탑을 건설했을까, 아니면 기초 부분만 파 놓은 상태에서 공사가 중단된 것일까. 그것도 아니면 솔로몬의 왕궁에서 긁어온 보물이나 진기한 유물들을 탑 밑에 감춘 줄 알고 후세의 지배자가 작은 동산이나 다름 없었을 탑을 들어낸 것일까.

남서쪽 부분의 넓은 구역은 발굴 진행중이라서 공개되지 않는다는 안내판과 함께 철조망이 쳐져 있으나 철조망이 없더라도 가볼일이 없을 것 같아 보이는 황무지만 시야에 들어온다.

바빌론의 복원공사

어느 초가을 목요일 주말 석양이 지평선 밑으로 잠길 무렵 나는 바빌론 남쪽 8km 거리에 있는 힐라를 향하여 8번 국도를 달리고 있었다.

마침 목요일이 회교권 사회의 주말인 관계로 신혼차량의 요란한 행렬이 이따금 내 옆을 스쳐 지나가곤 했다. 신혼 부부가 탄 승용차에 색종이와 종이꽃으로 장식된 테이프는 어디고 별 차이가 없다. 신혼 차량의 테이프 장식을 전문으로 하는 영업소도 있다.

신혼 차량 뒤로는 친척과 마을사람 등 하객을 태운 소형 화물차, 미니버스, 승용차 등 10여 대가 덜커덩거리며 따라간다. 신랑 친구들은 요란스럽게 북을 치며 피리를 분다. 검은 차도르를 둘러 쓴 신부 친구와 동네 아낙들은 손가락으로 입술을 길게 잡아 빼어 휘파람을 휙휙 분다. 하객들은 호텔까지 따라가 밖에서 법석을 떨다가 신랑 신부가 객실로 들어가는 것을 지켜본 후에야 발길을 돌린다.

호텔은 협소하고 시설이 떨어지면서도 숙박료가 2만 2천 원 수준인 시 중심가의 민간 호텔보다는 숙박료 9천 원에 널찍하고 시설도 상대적으로 좋을 뿐 아니라 주위에 숲이 우거지고 바빌론 유적지에 가까운 변두리의 국영호텔이 애용된다. 따라서 신혼 쌍들이 몰릴 주말에는 힐라에서 하나뿐인 국영호텔에 방을 얻기가 쉬울 수 없다.

종전에 바빌론 유적지 정문 앞을 통과하던 8번 국도를 동쪽으로 돌린 탓에 힐라 시내로 직행하는 구도로는 차량 통행이 없어 텅 비어 있었다. 차를 구도로의 샛길 쪽으로 돌렸다. 그리고 저녁 노을도 사라지고 어둠이 점차 짙어질 무렵 차의 라이트를 켜며 속도를 90km로 줄였다. 유적지 정문 앞을 통과하여 300m 거리를 지났을까 갑자기 전조등 빛에 도로를 한 줄로 가로막고 있는 40cm 높이의 보도 경계석이 나타났다. 브레이크를 밟는 순간 차는 경계석을 들이받고 오른쪽으로 튕겨져 보도 위에 올라 앉았다.

주위에 인적도 없는 어두운 주말저녁에 차를 끌어 낼 방도가 없어 보도 경계석에 앉아 입맛을 쩝쩝 다시고 있자니 언제 보았는지 유적지 정문 옆 7, 8채의 가옥이 있는 작은 마을에서 10여 세의 아이들 서너 명이 기다렸다는 듯 달려나온다. 제일 앞에 있는 남자아이의 손에는 호리병 모양의 플라스틱 주전자가 들려 있다. 녀석이 플라스틱 주전자를 말없이 내게 내민다. 받아서 뚜껑을 열어 보니 아기 주먹만한 얼음 몇 개가 둥둥 떠있는 냉수다. 필시 마을 어느 아낙이 아이를 시켜 보냈을 듯, 섭씨 40도가 넘는 늦여름 열기를 식히고 놀란 가슴을 가라앉히라는 뜻이 분명하다. 여느 곳처럼 정수시설이 완전치 않아 물은 우유를 탄 듯 뿌옇지만 고마운 마음은 산중 약수보다 더 맑고 투명하다. 녀석은 헬프, 헬프 하면서 무어라고 계속 떠들며 매달리듯 따라다닌다. 필요한 것이 있으면 도와줄 테니 무엇이든 말하라는 뜻임을 읽을 수 있다.

조금 있자니 일을 마치고 숙소로 퇴근하는 청바지에 남방 차림의 유럽인이 나타났다. 이탈리아에서 온 토목기사라고 했다. 그는 바빌론 유적지 안에서 지금 복원공사를 하고 있는데 거기에 쓰이는 중장비가 있으니 공사 책임자에게 함께 가 부탁해 보자고 한다.

전등을 대낮같이 밝힌 유적지 안은 대형 공사장이었다. 2,600년 전 느부갓네살 왕이 바빌론을 재건할 때에도 이렇게 많은 인부들이 밤늦게까지 일을 하지는 않았을 것이다. 밤 9시가 훨씬 지난 시간이었는데도 천여 명 가까운 사람들이 대낮처럼 북적이고 있었다. 여기저기에 모래와 시멘트가 쌓여 있고 곡괭이, 삽 등 작업 도구를 손에 든 수단, 소말리아, 에티오피아, 르완다 등지에서 온 흑인 인부들이 수십 명씩 떼를 지어 이동한다. 아마도 인부들은 작업 후 점호를 받고, 부서 책임자들은 작업 성과를 보고하는 모양이다. 군복차림의 공사 책임자는 피로와 짜증이 겹쳐 있는 표정이었다. 마음 내켜 하지는 않았지만 고맙게도 그는 보도 위에 얹힌 차를 간단히 들어낼 수 있도록 대형 페이로다 한 대를 내주었다.

숙소로 돌아와 달력을 보니 날자가 13일이다. 그러고 보니 여행 중에 사고나 고장 등 문제가 야기된 날은 모두 13일이다.

제1차 세계대전 이전 일단의 독일 고고학자들은 당시 터키 통치하에 있던 바빌론을 찾아왔다. 그들은 17년에 걸쳐 역사적 가치가 큰 주요 건물들을 발굴하고 그 건물들의 원형에 가까운 도면을 만들었다.

 그 후 1978년 이라크 당국은 이들 자료를 토대로 하여 바빌론 복원계획을 확정했다. 그리고 이 계획은 이란·이라크 전쟁중에도 중단되지 않고 추진되어 그 동안 이슈타르의 문, 느부갓네살 왕궁, 그리스 원형극장, 님아크 신전 등이 복원되었다. 그러나 역사유적을 복원할 때에 제기되는 문제 즉 원형의 파괴와 모조유적으로 전락할 우려는 이 곳에서도 예외일 수는 없는 듯했다.

8. 정복자의 도시 셀레우키아와 크테시폰

그리스 인의 셀레우키아

알렉산더 대왕이 기원전 323년 바빌론에서 죽은 후 그의 막료 장군 4명은 각기 정복지를 나누어 차지했다. 그 중 제일 실력이 강했던 셀레우쿠스 니카토르는 몫이 좋은 메소포타미아, 페르시아를 차지하여 셀레우키드 조(Seleucid Dinasty : 기원전 312~139년)를 세웠다. 니카토르라는 이름은 전승자(戰勝者)를 뜻한다고 한다.

그는 바빌론에서 동북쪽으로 70km 떨어진 티그리스 서쪽 강변에 새로운 도시를 건설한 후 자신의 이름을 따서 셀레우키아로 명명하고 바빌론을 떠나 이 곳을 왕국의 도읍으로 정했다.

그 후 시리아까지도 자신의 영역으로 편입시키는 데 성공한 셀레우쿠스는 지중해 해변가에 그의 아버지 안티오쿠스의 이름을 따서 안티옥이라는 도시를 건설했는데 그리스 인들은 땅 설고 물설은 티그리스 강변의 셀레우키아보다는 수평선 넘어 고향의 하늘이라도 바라볼 수 있는 안티옥에서 지내기를 즐겨했다. 그리하여 안티옥은 지중해 연안의 주요 거점 식민도시로 성장했고 반면에 셀레우키아는 점차 메소포타미아를 관장하는 지방 행정기관의 소재지로 격하되었다. 그러나 중국—중앙 아시아—페르시아—셀레우키아―지중해를 잇는 동서 교역로에서 주요 요충지로서의 역할은 변함이 없었다. 옷을 한 벌 만들어 입으면 사촌까지 따뜻하다는 비단, 셀레우키아는 당시 비단짐이 지나 다니는 실크로드의 주요거점이었다.

이 무렵 페르시아 북부에서 일어난 기마민족 파르티아 인(Parthian)들이 기원전 250년 페르시아에서 그리스 인들을 축출하고 이어 기원전 139년에는 셀레우키아를 점령함으로써 메소포타미아에서의 그리스 역사는 마감되고, 셀레우키드 왕들이 거처하던 셀레우키아의 왕궁은 이후 파르티아 왕들이 겨울철을 지내는 동계 왕궁으로 이용되었다.

메소포타미아를 잃은 셀레우키드의 왕 안티오쿠스 7세는 이후에도 안티옥에서 시리아 지역으로 국한된 그의 남은 왕국을 통치하며 안락한 세월을 보냈다. 그러나 셀레우키드 왕국은 기원전 95년 셀레우쿠스 6세 때 로마군에 패하여 북부 시리아로 달아나서 겨우 명맥을 유지하다가 기원전 64년 로마군의 일격을 받아 최후를 맞게 되었다.

현재 바그다드 남쪽 교외에 있는 알 카디샤 고속도로 진입로 인터체인지 남쪽 500m 거리에서 동쪽으로 철로를 넘어 4km 거리를 들어가면 텔 우마르라고 불리는 셀레우키아(Seleucia)의 유적지를 찾을 수 있다.

주위에 울창한 대추야자 수목과 경작지도 간간이 보이는 셀레우키아 유적지 구내에 들어서면 먼저 높이 10m 정도의 다소 특이한 신탑이 아담하게 남아 있고 여기저기 발굴지에는 옛 벽돌건물의 잔해가 얼굴을 내민다. 약 3만 평 정도의 유적지 주위로는 엉성한 철조망으로 대강 경계가 지어져 있다. 인적도 없는 옛 왕궁의 넓은 폐허 위에는 모래먼지만 바람에 날려 오락가락 한다.

셀레우키아 유적지.
작은 동산은 그리스
인들의 신탑

　유적지 구내 여기저기 파헤쳐진 발굴지에는 토양 단층 사이로 검은 기름이 배어 있다. 이 기름이 땅속에서 솟아오른 원유인지, 아니면 몇 십 년 전에 누군가 폐유를 대량으로 쏟아 버린 것이 땅 속으로 스며들게 된 것인지는 알 수 없다.

　유적지 구내를 나와 강변 쪽으로 500m 거리를 더 들어가니 도로를 따라 길게 늘어선 옛 성채가 임무에 충실한 파수병처럼 2,300년을 한결같이 버티고 서 있다. 성벽에서 100여 m 동쪽은 티그리스 강 절벽이다. 짙푸르게 대추야자나무 숲이 우거진 절벽을 따라 길게 시골도로가 뚫려 있다.

　길을 잘못 들어 숲이 우거진 강변도로로 들어섰다. 50대 시골 여인이 마른 나무 1단을 머리 위에 이고 검은 타이어로 만든 슬리퍼를 질질 끌며 간다. 안됐다는 생각에 동승시키고자 무심코 시골 여인 옆에 차를 세우고 올라타라는 손짓을 하니 이 아주머니가 깜짝 놀라 나뭇가지를 휘두르며 고래고래 소리를 지른다.

　아무리 나이 많은 시골 아주머니라지만 이슬람의 마나님께 이

셀레우키아 외곽
토성

방인 외간남자가 함께 차를 타고 가기를 권하다니 내가 잘못했구
나 하는 생각에 정신이 번쩍 들어 그대로 속력을 내어 그 자리를
황급히 떠버렸다.

페르시아의 파르티아 왕조시대에 셀레우키아는 더욱 번성하여
도시는 성벽을 넘어 티그리스 강 절벽 위에 이르렀고 다시 강 건
너 동쪽으로 뻗어가기 시작했다. 이윽고 도시의 중심은 페르시아
왕이 굳이 강을 건너지 않아도 될 동쪽 강변 구역으로 옮겨지고
그 곳에 크테시폰이라는 새로운 도시가 생겨나 번창하게 되었다.
이후 셀레우키아는 인구가 줄어 점차 황량한 들판으로 바뀌었다.

사산 왕국의 동계 왕궁지 크테시폰

파르티아 왕조가 로마와의 거듭된 격전으로 지쳐 있을 때 페르
시아에서는 사산 왕조가 새로이 일어나 페르시아를 차지하고 파

르티아 왕조를 대신함으로써 메소포타미아는 사산의 지배로 넘어
가게 되었다. 이 시기에 사산 왕은 셀레우키아에서 크테시폰으로
동계 왕궁을 옮겨 가을이 지나 찬바람이 불기 시작하면 크테시폰
으로 와서 국정을 처리하곤 했다.

크테시폰은 본래 기원전 139년 파르티아 인들이 메소포타미아
를 정복한 후에 동계 왕궁이 있는 셀레우키아의 강 건너편에 설치
했던 주둔군 사령부 군영지였으나 도시가 형성되고 사원과 왕궁
이 들어서면서 메소포타미아의 중심지로 발전하게 된 곳이다.

바그다드에서 6번 국도를 따라 동남쪽으로 30km 거리를 가면
알 마다인으로 갈라지는 지방도로에 접어들고, 거기서 다시 남쪽
으로 8km를 들어가면 티그리스 강을 멀리 바라보는 알 마다인 읍
에 당도하게 된다. 셀레우키아에서 보면 강 건너 마주보는 지역임
에도 강을 건네주는 교량이 없어 직접 왕래가 안 되므로 이렇게
바그다드로 돌아가야 한다. 다만 살만 파크 남쪽 10km 떨어진 곳
에 도선장이 있어 차량을 건네주기는 하나 강을 건넌 후에 작은
갈림길이 많아 지리에 익숙치 못한 이방인이 이용할 것은 못 된다.

알 마다인에서 티그리스 강변 쪽으로 1km 거리를 들어가면 길
이 1.5km, 폭 1km 규모의 살만 파크라는 공원이 있다. 이 곳 살만
파크를 중심으로 한 알 마다인 일대가 바로 페르시아와 메소포타
미아를 비롯하여 지중해 연안과 아르메니아까지 지배하며 로마와
치열한 전쟁을 지속했던 사산 왕조의 겨울철 도읍지 크테시폰이
었다.

살만 파크로 통하는 도로에는 거대한 대추야자나무가 하늘을
가리며 늘어서 있고 그 입구에서 동쪽으로 좀 떨어진 곳에는 웅장
한 돔을 얹은 고색 창연한 사원이 있다. 이 사원이 예언자 마호메
트의 동료인 살만 알 파리시(Salman al-Farisi)의 성전으로서, 페르

'탁 키스라'로
불리는 크테시폰의
아치

시아의 지배를 상기하게 하는 옛 크테시폰 자리를 이라크 당국이
공원으로 조성한 후 이름붙인 살만 파크 공원도 바로 이 사원의
명칭을 딴 것이다.

살만 파크의 구내에 들어서면 야자나무 위로 하늘 높이 솟아 있
는 웅장한 벽돌 아치가 눈에 들어온다. 이것이 이 지방 사람들이
오래 전부터 탁 키스라(Taq-Kisra)라는 이름으로 불러 왔던 크테시
폰 아치로서 그 규모는 높이 37m, 폭 25.5m, 아치 깊이 48m, 아래
쪽 벽두께 7m이며 보강재 없는 단일 벽돌 구조물로는 세계 최대
의 것이라 한다.

아치의 건축양식은 수메르의 사원과 아시리아 궁전의 건축양식
그리고 아랍 건축양식이 혼합된 전통적인 메소포타미아의 것에
기술적 기교가 가미된 것이라고 관계자들은 말한다. 또 아치의 용
도에 대하여는 왕궁의 정문으로 이용된 것으로 보이며, 이 건축물
을 건립한 군주는 사산 왕조 제4대 왕인 샤푸르 1세(서기 241~272
년)로 추측되고 있다.

샤푸르 1세는 사산의 여러 왕 중에서도 영걸로 칭송되는 군주

로서 터키의 에데사(우루파)에서 로마군을 격파하고 당시 로마의 아시아 거점도시로 변모한 지중해 연안의 안티옥을 점령함으로써 크게 위세를 떨친 바 있다.

약 300년 후 크테시폰 아치가 건립된 지 오래 되어 허물어지기 시작하자 호스로우 1세(Khosrow Ⅰ : 서기 531~579년) 때에 대대적인 보수가 이루어졌다. 사산의 제26대 왕인 호스로우 1세는 침체된 국력을 재건하고 아르메니아까지 페르시아의 영토를 확장한 군주였다. 이 아치에는 근래 다시 복원공사가 진행되고 있다.

크테시폰은 이후 아랍 이슬람의 메소포타미아 진출에 이어진 사산의 몰락과 함께 이슬람 칼리프의 도읍지가 쿠파로 옮겨짐에 따라 점차 버려지게 된다

알 카디샤 승전 기념관의 파노라마

크테시폰 아치에서 동쪽으로 바라보면 1km 거리에서 마주보고 있는 사각 통 모양의 현대식 4층 건물이 있다. 이 건물 안의 벽면은 원통형으로 되어 있어 벽면 자체가 둥글게 돌아가면서 길이 110m, 높이 15m인 대형 화면이 된다.

화면에는 실물 크기의 그림이 연이어 생동감 있게 그려진 파노라마가 펼쳐지는데 이렇게 현장감각이 뛰어난 파노라마는 세계에서 모스크바, 페테르부르그, 벨지움, 평양에 이어 이 곳 살만 파크의 다섯 군데밖에 없다고 하며 이 곳 작품 제작에는 북한 작가들도 참여했다고 한다.

파노라마는 서기 637년 아랍 회교전사들이 유프라테스 강 중류의 작은 마을 카디샤 근방에서 페르시아 사산 왕국의 12만 군대와

일전을 벌인 끝에 이들을 거의 전멸시키는 대승을 거둠으로써 이
곳 크테시폰에서 페르시아 세력을 축출하고 아랍 세력이 메소포
타미아 일대를 장악하며 나아가서는 중·근동 아시아로 이슬람
세력이 진출하는 역사적 계기가 된 알 카디샤(Al-Qadisiyah) 전투
를 다루고 있다.

그러면 이 기념관을 카디샤 마을에 세우지 않고 옛 크테시폰에
페르시아 왕궁과 마주하여 세운 이유는 무엇일까. 그것은 관광 수
요와 문화적 가치가 큰 크테시폰의 페르시아 유적을 보존함과 함
께 메소포타미아에서 사산 왕조의 본거지였던 이 곳에서 페르시
아에 대한 아랍의 승리를 과시하고자 함일 것이다. 파노라마의 내
용이 되는 상황은 다음과 같이 전개된다.

이슬람 기원(Hijra) 16년인 서기 637년 정통 이슬람 라쉬둔 왕조
의 제2대 칼리프 오마르는 아랍 회교전사를 지휘하던 초대 총대장
알 무타나(Al-Muthanna bin Haritha Al-Shaibani)가 전투중 입은 상처
로 사망하자 후임으로 사아드(Sa'ad bin Abi Waqqus)를 임명했다.

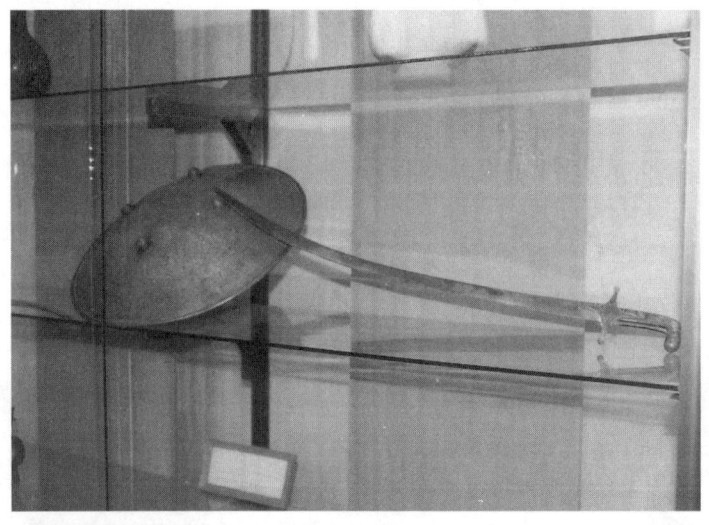

이슬람 전사들이
사용하던 방패와 칼

사아드는 이슬람 전사들을 이끌고 페르시아 군의 진영이 있는 카디샤로 진군했다. 이 때 대장 루스탐의 지휘로 회교군의 진격을 저지하던 페르시아 군은 유프라테스 강을 등지고 카디샤 마을 부근에서 숙영하던 중이었다.

사아드는 칼리프의 교시에 따라 페르시아 진영에 사자를 보내어 이슬람에 귀의할 것을 촉구하고 그렇지 않으면 속국으로서 공물을 바치든가 아니면 전투를 택하라는 메시지를 보냈다. 이에 사산의 대장 루스탐은 격노하여 다음 날 안으로 허튼 수작이나 하며 다니는 아랍의 무리들을 모조리 쓸어 버리겠다고 소리치며 사자(使者)를 쫓아냈다.

드디어 결전의 날은 밝았다. 사아드는 인근 캇슬 성곽에 사령부를 설치하고 예하 부대장과 참모들을 소집하여 작전지시를 내렸다. "모든 부대장은 소속 부대원들의 사기를 최대한으로 끌어올리는 데 힘을 쏟으라. 회의가 끝난 후에 나는 네 차례에 걸쳐 '알라'를 외칠 것이다. 첫번째 '알라'를 외치거든 각 부대는 전투배치에 들어간다. 두번째 '알라'에 각자는 전투준비를 완료하라. 세번째 '알라'는 전투개시 신호가 된다. 정오가 지나서 네번째 '알라'를 외치거든 적진을 향하여 총돌격하라." 세번째 알라의 외침소리와 함께 이슬람 군은 북을 울리며 대오를 지어 전진하기 시작했다. 정오가 지나자 과연 네번째 알라를 외치는 소리가 울려 퍼졌고 사아드의 부대는 페르시아의 진영을 향하여 돌격해 들어갔다.

이에 맞서 페르시아 군은 대열 앞쪽에 33마리의 코끼리 부대를 배치했다. 코끼리 등에는 큼직한 가마를 얹고 여러 명의 페르시아 군이 그 위에 올라타서 활을 쏘고 창을 휘두르며 아랍군의 전열을 흩트리며 전장을 휘젓고 다녔다. 이슬람 군의 첫날 공격은 소득 없이 끝났다.

알 카디샤 전투의
파노라마 한
장면(1)

전투 제2일째 되는 날 페르시아의 코끼리 부대는 전일의 손실로 인하여 나오지 않았고 밤늦게까지 전투는 계속되었으나 쌍방의 소득은 없었다.

3일째 페르시아의 코끼리 부대가 다시 등장했으나 이슬람 군은 집중적으로 코끼리의 눈을 활로 쏘아 맞춰 코끼리 부대를 궤멸시켰다. 저녁 무렵 페르시아 군의 대장 루스탐은 유프라테스 강물을 끌어들여 이슬람 군의 공격을 저지하려 했으나 쉴새 없는 이슬람 군의 압박으로 작업을 완성하지 못했다. 이슬람측은 승기를 잡은 듯했으나 밤늦게까지 계속된 전투에도 쌍방의 소득은 없었다.

4일째 이슬람 군은 페르시아 군에 휴식을 주지 않기 위하여 아침 일찍부터 페르시아 진영을 압박해 들어갔다. 정오쯤 되자 페르시아군의 한쪽 전열이 무너지기 시작했다. 기회를 놓칠세라 이슬람 군이 그 틈을 뚫고 밀려들었고 피로에 지쳐 전의를 상실한 페

알 카디샤 전투의
파노라마 한
장면(2)

르시아 군은 흩어지기 시작했다.

이 때 이슬람의 한 병사가 페르시아의 대장 루스탐이 있는 높직한 자리로 뛰어올라 그를 칼로 찌르며 "루스탐은 죽었다!" 하고 외쳤다. 전투는 이슬람 측의 완승이었다. 이 전투에서 살아서 유프라테스 강을 건넌 페르시아의 병사는 수천 명에 불과했다고 한다.

전투 후 카디샤에서 2개월 간 휴식을 취한 이슬람 군은 칼리프의 명에 따라 바빌론을 거쳐 사소한 저항을 물리치며 크테시폰으로 진격했고 다음 해에 별다른 저항 없이 크테시폰을 점령함으로써 페르시아의 메소포타미아 통치를 종식시켰다. 이제 전투는 페르시아 영내로 옮겨졌다. 서기 651년 이슬람 군은 페르시아의 니하벤드 결전에서 사산 군을 대파하고 사산의 왕 야즈데게르드(Yazdegerd Ⅲ)는 달아나다가 죽었다. 이로써 사산 왕국은 붕괴되었고 이후 이슬람 세력이 중·근동 아시아를 석권하게 되었다.

알 카디샤 전승기념관을 뒤로 하여 티그리스 강변도로를 따라 남쪽으로 10여 km를 내려가면 한 번에 대여섯 대의 차량을 싣고 강 건너편으로 건네주는 도선과 도선장(渡船場)이 있음은 앞서 말한 바 있다.

강변도로에는 코끼리만큼이나 큰 낙타 10여 마리가 양 옆구리에 마른 나뭇단을 지고 4, 50대 시골 여인들에 이끌려 터벅터벅 걸음을 옮긴다.

9. 초기 이슬람의 도시와 명소

히라

이슬람 세력이 메소포타미아에 들어오기 이전에도 이 지역에 아랍 인들의 왕국이 있었다. 예컨대 뒤에 소개되는 기원 초 북쪽의 하트라와 서기 3세기경 히라를 중심으로 한 라흐미드 마낫히라 (Lakhmid Manadhira) 왕국이 그들이다.

히라는 유프라테스 강변에 위치한 읍 규모의 도시로 카디샤 마을에서는 강을 따라 북쪽으로 30km 거리에 있다. 파르티아 왕국 쇠퇴기에 히라의 아랍 세력은 한때 아라비아 반도에서 시리아까지 세력권을 형성하며 문물 교류에 큰 역할을 했으나 25명의 왕을 끝으로 이슬람 기원(Hijra) 12년인 서기 633년 총 대장 칼리드 (Khalid ibn al-Walid)가 이끄는 이슬람 군대에 정복된다. 이슬람의 2대 칼리프 오마르는 알 카디샤 전투를 전후하여 이 곳 히라에 머물며 '알라의 성스러운 전쟁'을 지도한 바 있다.

쿠파

바빌론 동남쪽 교차로에서 서남쪽 도로를 따라 53km를 달리면 인구 2만 명 규모의 아담한 도시 쿠파(Kufa)에 닿는다. 히라에서는 유프라테스 강을 따라 북쪽으로 30km 거리에 있다.

쿠파는 서기 638년에 제2대 칼리프 오마르의 명에 따라 건설된 도시로서 제4대 칼리프이며 이맘을 겸한 알리(Ali ibn Abi-Talib)가 이슬람의 도읍을 메디나에서 이 곳으로 옮김으로써 한때 이슬람 세계의 중심이 된 곳이다. 여기서 칼리프는 마호메트의 후계자를 뜻하며 초기 이슬람 세계의 수장 즉 왕을 말한다. 이맘은 초기 회교의 교황으로 이해하면 된다.

이맘 알리는 예언자 마호메트의 사촌동생이다. 마호메트는 부모를 일찍 여읜 까닭에 삼촌의 집에서 자랐고 알리와 함께 어린 시절을 보내게 되었다. 이러한 관계로 마호메트는 일점 혈육인 딸 파티마를 알리에게 맡겼고 숙질 간인 둘은 결혼하여 하산, 후사인, 카심 세 아들을 낳았다. 그 중 둘째 아들 후사인도 후에 이맘이 되었다.

아무튼 서기 661년부터 이맘 알리와 그의 가정에는 어둠이 드리우기 시작했다. 그 해에 이맘 알리는 쿠파의 회교사원에서 기도하는 도중 등뒤로부터 칼을 맞아 숨지고 후에 아들 둘을 잃는다. 그리고 왕권은 그를 제거하는 데 성공한 시리아의 우마이야 세력에 넘어가 다마스쿠스에서 우마이야(Umayyad) 칼리프의 시대가 시작된다. 우마이야 시대에 이슬람은 크게 세력을 확장하여 북아프리카와 스페인까지 그 영역에 넣었다.

푸른 유프라테스 강 위로 걸려 있는 좁은 철교를 건너면 바로 쿠파 시가지로 접어들고 금박을 입힌 웅장한 황금 돔을 머리에 이고 양쪽에 황금 미나레트(회교사원의 첨탑 즉 가늘고 길쭉한 신탑)을 세운 회교 황금사원이 방문객을 맞는다. 수만 평은 될 듯한

쿠파의 대사원

사원의 경내는 높이 10m의 두터운 담장이라기보다는 견고한 성벽이라는 말이 어울릴 방벽이 둘러싸고 있다.

사원 경내에는 황금사원을 중심으로 하여 담장 안쪽 벽면을 따라 사방에 긴 회랑이 뻗어 있고 수십 개의 개인 기도소와 가족단위 기도소가 마련되어 있다. 여성들은 사원에 들어가지 않고 이 기도소에서 따로 기도를 올린다.

참배자들 중에는 멀리서 찾아온 성지 순례자들도 많다. 점심시간이면 학교 운동장보다 넓은 사원 광장은 일가 친척 단위로 둘러앉아 식사를 하는 참배객들로 북적인다.

사원 옆에는 한 변의 길이 170m, 높이 10m의 사각형 방벽으로 둘러싸인 이맘 알리의 건물 터가 보존되어 있다. 사원을 나와 동쪽으로 뚫린 시가 중앙로를 따라 8km 거리를 달리면 거의 연결되다시피 인접한 성도(聖都) 나자프 시가 중심지에 들어서 있는 자신을 발견할 수 있다.

이슬람 왕조의 역사는 정통 라쉬둔 왕조(Rashidun Caliphate), 우마이야 왕조(Umayyad Caliphate), 아바스 왕조(Abbasid Caliphate)

로 바뀌며 그 도읍지는 아래와 같이 여러 차례 옮겨진다.

① 메디나(서기 632년) : 예언자 마호메트의 친구 아부 바크르가
　라쉬둔 왕조 창건
② 히라 : 2대 칼리프 오마르의 전방 지휘소
③ 쿠파(서기 657～661년) : 4대 칼리프 알리, 메디나에서 도읍지
　이전
④ 다마스쿠스(서기 661～750년) : 시리아의 우마이야 왕조
⑤ 쿠파(서기 750～751년) : 아바스 왕조 초기
⑥ 알 안바르(서기 752～754년) : 아바스의 창건자 알 아바스
⑦ 하쉬미아(서기 755～761년) : 2대 칼리프 알 만수르의 임시 도
　읍지
⑧ 바그다드(서기 762～836년) : 알 만수르가 건설한 아바스 왕조
　의 정치 · 군사적 전성기의 도읍지
⑨ 사마라(서기 836～889년) : 8대 칼리프 알 무타심 이후 과학, 문
　화 융성기, 터키 용병 득세기
⑩ 바그다드(서기 889～1258년) : 15대 칼리프 알 무타미드 이후
　독립성 상실기부터 현재까지.

성도(聖都) 나자프

바그다드 남쪽 161km, 바빌론 남쪽 68km 거리의 나자프(Najaf)
는 이 나라 최고의 성전인 이맘 알리의 시신을 모신 사원 즉 이맘
알리 성전이 자리하고 있어 회교세계 주요 성지의 하나로 꼽히며
도시 이름 앞에는 흔히 성도(聖都)라는 수식어가 붙는다. 또한 나

높은 방벽으로
둘러싸인 이맘 알리
성전

자프 도의 중심도시이기도 하다.

중앙의 돔과 양쪽에 두 개의 미나레트 그리고 사원 앞쪽의 벽면
까지 금박을 입힌 이 황금사원은 15m 높이의 방벽이 주위 800여
미터를 둘러싸고 있고 정문에는 7, 8명의 영접위원들이 있어 참배
온 신도들을 영접하며 비신도의 출입을 막는다. 사원 안에는 여러
나라의 군주, 권력가, 부호 등이 기증한 수많은 보물들이 소장되어
있다고 한다.

이 도시에는 봄에서 가을까지 여러 나라에서 온 순례객들로 만
원을 이루어 도시 중심의 광장에는 모포를 깔고 노숙하는 가족 순
례객들로 북적인다. 더욱이 시가지의 하수도 시설이 불완전하여
오물과 하수가 도로 한가운데에 파 놓은 도랑에 계속 고이면서 고
온 건조한 사막날씨로 수분이 증발 농축되어 도랑 속의 오수는 마
치 검은 콜타르처럼 점도가 높아지고 그 악취 또한 여간 심한 것
이 아니다.

어쩌다 길을 잘못 들어 남쪽 주택가 골목으로 들어가자 이내 눈

이맘 알리 성전의
미나레트

앞에는 후끈후끈한 모래바람과 함께 끝없이 펼쳐진 삭막한 사막
이 모습을 드러낸다.

순례객들이 많을 때에는 시내에서 숙소를 구할 수 없는 경우가
많다. 민간 여인숙급 호텔 입구에 버티고 앉아 있는 영감에게 혼자
서 하루 동안 방을 쓰겠다고 말을 꺼내 봤더니 대꾸는 하지 않고
주위 사람들에게 "이 사람이 혼자서 방을 쓰겠다는구먼" 하며 자
기들끼리 껄껄거린다.

시 중심가를 벗어나 케르발라로 통하는 도로를 따라 3km가량
교외로 나오니 이탈리아 업체와 합작 운영한다는 제법 큰 건물의
국영호텔을 찾을 수 있었다. 민간 여인숙급 호텔보다 값싸고 조용
하면서도 시설은 그보다 좋고 넓다. 투숙객도 별로 없어 호텔 안은
적막감마저 든다. 바로 내가 찾는 그런 곳이다.

마침 신혼 쌍이 찾아들었는지 현관 쪽이 갑자기 떠들썩해진다.
이번 신랑신부는 돈 많은 집안인 듯 구내식당에는 정장을 한 하객
들이 앉아 있고 엄숙한 분위기에서 가수를 불러놓고 노래를 듣는
다. 결혼식 후 피로연을 하는 모양이다. 정장 차림이 안 되는 검은

차도르의 동네 부녀자와 아이들은 밖에서 안을 들여다보며 휘파람을 불어댄다.

케르발라

나자프에서 케르발라로 통하는 도로는 한적하다. 도로 변 황무지에는 이따금 염분이 솟아올라 마치 간밤에 서리라도 내린 것처럼 지표의 토양에 하얗게 소금기가 맺혀 있다.

바그다드 서남쪽 102km, 나자프 서북쪽 78km 거리에 있는 이 도시의 동쪽에는 간간이 대추야자나무가 늘어서 있는 수목지대도 눈에 띠긴 하나 대부분 사막과 황무지로 둘러싸여 마치 케르발라는 대지가 더 이상 사막화되는 것을 저지하는 임무를 띤 반(反)사막화의 첨병처럼 힘겹게 버티고 있다.

케르발라(Kerbala)는 나자프와 함께 이 지역 2대 성지의 하나로 꼽힌다. 나자프가 아버지 이맘 알리의 도시라면 케르발라는 아들 이맘 후사인의 도시라고 할 수 있다.

쿠파에서 칼리프 알리를 제거한 우마이야 세력은 죽은 알리의 아들들이 아라비아에 건재하는 것이 마음에 걸려 칼리프 계승을 거짓 제의하며 당시 이맘으로 있는 후사인과 그 형 아바스 두 형제를 리야드에서 이 곳으로 유인해 왔다.

이들 두 형제와 그 일행 100여 명이 이 곳 케르발라 황야에 이르자 미리 대기하고 있던 우마이야 병사들이 이들을 포위했다. 우마이야의 장군은 당초 약속과 달리 후사인 형제에게 우마이야에 대한 충성을 맹세하라고 요구했다. 이들 형제가 그 제의를 거절하자 병사들은 일행이 앞으로 나가지 못하도록 겹겹이 에워싼 채 움직이지 않았다.

그 상태에서 몇 날 며칠 동안 일행은 식량과 식수도 구하지 못한 채 병사들로 둘러싸인 인의 방벽 한가운데에서 발이 묶여 있어야 했다. 후사인 형제와 일행은 7월의 폭염과 작렬하는 태양으로 뜨겁게 달구어진 모래 위에 몰려 앉아 죽음을 기다릴 뿐이었다. 30여 일이 지나도 이맘 후사인은 굴복하지 않았다. 오히려 포위군 대장이 이맘 후사인에 동조하여 일행에 합류해 왔다. 우마이야 군영에서는 새로운 지휘관이 나서게 되었다. 며칠 더 지나서 일행이 기진맥진하게 되자 우마이야 병사들이 달려들어 일행 중 10명을 칼로 쳐죽이며 항복할 때까지 매일 10명씩 이렇게 죽이겠다고 선언했다.

40일째 되는 날 일행은 후사인 형제와 다른 몇 명만 남게 되었다. 아침해가 높이 솟아오르자 우마이야 병사들이 이들 마지막 생존자를 처치하기 위하여 칼을 높이 들고 둥근 원을 좁히며 다가서기 시작했다. 일행도 필사의 힘으로 반월도를 빼어 들고 일어섰다. 이맘 후사인이 칼을 높이 쳐들고 소리쳤다. "자! 오늘은 우리가 이 땅에 비극의 피를 뿌리는 날이다. 이 땅은 영원히 비극의 땅으로 불려지리라!" 그의 외침마저도 우마이야 병사들의 검벽(劍壁)에 막혀 멀리 퍼질 수 없었다. 투항해 온 전 우마이야 대장이 먼저 용전(勇戰) 끝에 쓰러졌다. 그리고 모두 우마이야 병사들의 칼날에 쓰러질 수밖에 없었다. 그런데 이 참극의 현장에서 한 명의 생존자가 있었다. 바로 이맘 후사인의 여덟 살 된 아들이 살아나 그 증인이 된 것이다.

이슬람 역사에서는 이 사건을 '투프의 전투'라고 부른다고 한다.

지금도 이슬람 사회에서는 이 참극이 있었던 7월부터 8월 초까

인파로 둘러싸인
이맘 후사인 사원

이맘 후사인 사원의
내부

지 40일 동안은 '아슈
라'라고 하는 애도
절로 정하고 주류
판매와 가무음곡을
금지하며 이 기간의
시작과 끝의 각 3일간을
공휴일로 정하여 일손을 놓
고 슬픔에 잠겨 애도를 표시한다.

이맘 후사인이 죽은 후 그 자리에 이맘 후사인과 그 일행의 시
신을 모신 후사인 사원이 세워져 이 사원을 중심으로 도시를 이루
어 발전하기 시작했다. 그리고 도시의 이름도 이맘 후사인이 마지
막으로 남긴 말에 따라 비극의 땅이란 뜻에서 '케르발라'로 불리
게 되었다.

케르발라의 중심지인 이맘 후사인의 사원도 돔과 미나레트에
황금을 입혔으며 사방의 벽면에도 금박을 입혀 치장해 놓았고, 주

위 800m의 사원 경내는 높이 10여 m의 방벽이 둘러싸
고 있다. 이 황금사원의 정면에는 넓은 광장이 있고
다른 방면에는 시장과 점포가 둘러싸고 있어 안팎으
로 인파가 들끓는다.

이 곳에서도 비교도의 입장은 환영되지 않는다. 밤
이면 사원광장 가득히 수천 명의 순례객들이 가족 단
위로 둘러앉아 때늦은 저녁식사를 하거나 수박을 먹
기도 하고 이야기도 하며 뜨거운 사막의 밤을 보낸다.
이윽고 밤이 깊어지면 하나 둘씩 끈질긴 모기의 공격
을 무릅쓰고 잠을 청해 본다.

아부 알 파딜 알
아바스 사원

후사인 사원에서 동쪽으로
1km 거리에도 역시 황금 돔
과 황금 미나레트로 위용을
갖춘 황금사원이 또 있다. 이
사원은 '아부 알 파딜 알 아
바스(Abu al-Fadhil al-Abbas)
사원'으로 아부 파딜과 아바
스 등 두 이맘의 시신과 다른
일부 참극의 희생자 시신이
안치되었으며 규모는 알 후
사인 사원보다 약간 작다. 이
사원을 방문하는 순례객이
없는 것은 아니나 알 후사인
사원처럼 인파로 붐비지 않
고 분위기도 조용하며 비신
자의 입장도 용인된다.

어느 여름 어두운 저녁 늦게 케르발라에 도착한 나는 숙소를 구할 수 없었다. 값싸고 넓은 국영호텔은 폐업했는지 문을 닫고 영업을 하지 않는다고 했다. 이곳 저곳 묵을 곳을 찾아 어두운 골목을 돌아다니자니 7, 8세쯤 되어 보이는 아이들 셋이 따라다니며 박시시를 하란다. 박시시란 없는 자에게 자비를 베푸는 회교사회 생활의 일부가 아닌가. 나는 250원 상당의 250필짜리 6각형 동전 하나씩을 나눠 주었다. 동전을 받아든 아이들은 디나르(Dinnar : 당시 천 원 상당)를 주어야 한다며 주지 않으면 도둑이라고 외치면서 따라다니겠다고 한다. 작은 아이들의 협박에 기가 막혀 못 들은 척 지나쳐 버리자 이 놈들은 아리바바! 아리바바! 소리치며 내 차를 따라 다녔다. 지나가던 중년 남자가 이들을 제지하니 그제야 어둠 속으로 사라졌다.

결국 그 날 밤은 할수없이 조명을 밝게 해 놓은 어느 여인숙 마당에 차를 세우고 잠을 청했다. 그러나 모기 등살에 잠시도 눈을 붙일 수 없었다. 무릇 여행자는 파리, 모기에 대한 대비로 살충약 스프레이를 반드시 휴대해야 한다는 것을 절실히 느낀 밤이었다.

라조제 호수

케르발라 도심에서 멀지 않은 서북쪽 변두리 지역을 벗어나 모래 속으로 발이 푹푹 빠지는 사막지대를 18km 가량 달리면 파도가 일렁이는 푸르고 넓은 망망대해가 시원하게 눈앞에 펼쳐진다. 바로 동서 길이 30km, 남북 길이 60km로 이 지역에서 제일 큰 라조제 호수이다. 약 1km 길이의 백사장에는 돌이나 자갈이 섞이지 않은 하얗고 고운 고품질 모래가 쌓여 있다. 주변에는 방 2개 규모

라조제 호수

의 국영 숙박시설이 수십 개 늘어서 있으나 여름철인데도 이용객이 적어 비어 있는 곳이 많고 대학생으로 보이는 젊은이들 20여 명이 호수에 들어가 물놀이를 할 뿐 한적하고 조용하다.

아리바바 동굴

라조제 호수 주위로 개설된 아스팔트 도로를 따라 가면 케르발라 서쪽 38km 되는 곳에 호수가 내려다보이는 작은 구릉 위로 마치 캐러밴을 위한 숙소나 휴게소로 적당했을 큼직한 2층 건물 모양의 바위가 보인다. 경사진 구릉을 올라가 바위 동굴 입구에 이르니 수십 명은 족히 숨어 기거할 수 있음직한 공간이 있다. 이 곳이 바로 아리바바와 40인의 도적 이야기에 나오는 아리바바 동굴로 전해지는 곳이라 한다.

고대 실크로드는 페르시아 남부로 내려와 지금의 바스라 지역에서 유프라테스 강을 따라 시리아로 올라간 후에 지중해 연안의

라조제 호숫가의
아리바바 동굴

안티옥과 알렉산드리아로 연결되는 코스를 취하고 있었다. 그런
데 그 실크로드의 캐러밴 루트가 이 곳의 반대편 동쪽 호숫가를
통과했다고 하니 먹이감이 풍부한 길목에 도적소굴이 없을 수 없
다. 더욱이 30km 서북쪽 호숫가에는 아인 타므르라고 하는 옛 오
아시스 도시가 있다. 중세 아랍시대에는 무역 중개도시로 번창하
여 재력있는 부호들이 많이 살았다는 곳이다. 그러니 도적질할 배
후 재원이 또한 무궁무진한 셈이다. 뿐만 아니라 수상으로 배편을
이용하여 용이하게 장물을 운반할 수 있는 이점도 있고 보면 도적
의 입장에서 이 곳 아리바바 동굴은 황금의 입지조건을 갖춘 천혜
(?)의 도적소굴이 아닐 수 없다.

아리바바의 고장 아인 타므르

케르발라를 떠나 아리바바 동굴과 우카이디르 성채를 멀리 바
라보며 라조제 호수를 돌아 78km 거리를 달리면 지금까지 지나왔

아인 타므르의
호숫가 선창

던 사막이나 황무지와는 달리 야자나무 숲이 온 땅을 두텁게 뒤덮
고 있고 그 한 쪽 구석에 잔잔한 호수를 바라보며 아늑하게 들어
앉은 작은 마을을 볼 수 있다. 한 눈으로 보아도 사람살기에 부족
함이 없을 듯한 마을이다. 호숫가 작은 선창에는 몇 척의 어선만
한가롭게 떠 있다. 이 곳이 바로 옛날 아라비안 나이트의 천일야화
'아리바바와 40인의 도적' 중에서 주인공 아리바바가 살았다는
아인 타므르(Ain Tamr)이다.

   아인 타므르는 서기 3세기경부터 번성했던 오아시스 도시였다.
이 시기는 로마와 페르시아가 실크로드의 주요 구간인 시리아에
서 격돌하던 시대였으며 북부 교역로의 안전과 중개무역을 담당
하던 고대 상업 도시국가 페트라, 하트라, 파밀라 등이 차례로 멸
망함으로써 기존의 동서 교역로가 폐쇄되고 새로운 교역로가 개
척되던 시기에 해당된다.

   이 때에 그 중간거점이었던 아인 타므르는 무한한 수자원과 끝
없는 대추야자의 짙은 녹음을 배경으로 대상들의 발길을 멈추게

하였고 한적한 오아시스는 상업활동이 활발한 중개무역지로 떠오른 것이다.

7세기경 이슬람 시대에 이르러 아인 타므르는 군사와 교역의 중심도시로서 더욱 번창하고 인재도 많이 나와서, 우마이야 칼리프 시대에 회교군의 지도자로서 멀리 유럽으로 건너가 스페인을 정복한 무사 이븐 누사이르(Musa ibn Nusair)도 이 마을 출신이라한다. 그러나 지금은 중개무역 도시의 기능이나 캐러밴도 사라지고 특별히 오아시스를 찾는 사람도 없이 몇 채의 시골 가옥 사이로 보이는 육중한 벽돌더미만 아인 타므르의 옛 영화를 말해 줄 뿐이다.

우카이디르 궁성

아리바바 동굴과 아인 타므르의 중간지점에 호수와 3km의 거리를 두고 우카이디르(Ukhaidhir)라 불리는 견고한 성채가 있다. 이 성채는 외성과 내성으로 구분되어 있는데 외성은 동서 길이

아인 타므르의 옛
영화를 기념하듯 서
있는 오랜 가옥

복원 공사중인
우카이디르 궁성의
외성

163m, 남북의 길이 176m이며 성곽의 높이는 21m에 이르고 벽의
두께 4.5m의 규모로서 돌로 먼저 외부를 쌓고 돌과 진흙을 섞어
내벽을 강화한 방식이다. 외성에는 1, 2층에 걸쳐 수십 개의 방이
줄지어 있어 이 곳이 병사들의 숙소로 이용됐음을 보여준다.

견고한 외성의 내부에는 내성이 있다. 내성은 전투용이라기보
다는 주거용이다. 응접실, 목욕실, 주거실 등 10여 개의 방이 있고
내부통로는 미로처럼 어둡고 복잡하여 쉽게 방향을 잡을 수 없다.

이 성채는 언제 누가 건설한 것인지 말해주는 자료가 없고 또
그 용도에 있어서도 군사요새라느니 왕궁이라느니 논란이 있는
수수께끼의 성이다.

명칭에 대하여도 16세기 이 곳을 지나던 어느 유럽인 여행자는
이 곳의 '카파치'로 불리는 성에 대하여 언급을 했고 실제 이 성벽
여러 군데에 '카파치'라는 글자가 씌어 있어 이 성이 카파치 성이
었던 것으로 추측하고 있으나 어째서 그 명칭이 우카이디르로 바
뀌게 되었는지는 추측만 엇갈리고 있다.

먼저 건축 시기에 대하여 이슬람 시대 이전의 것이라는 의견이

우카이디르 궁성의
내성 행궁

성 안의 중앙 홀

있으나 관계자들은 이슬람의 아바시드 시대, 아마도 서기 780년경에 건축된 것이라고 말한다. 그러나 이 때는 아바스 왕조의 융성기로서 군사적으로는 시리아 북부에서 비잔틴 제국과 마찰을 빚던 상황에서 왜 군사적 위협을 무시할 수 있는 이쪽 서남지역 사막에 많은 비용을 들여 거창한 성채가 건설되어야 했는지 설명이 안 된다.

우카이디르에는 외성과 내성이 있는데 필자가 생각하기에 아마도 내성은 시리아의 우마이야 칼리프들의 궁성이고 외성은 이 궁성을 수비하던 주둔군 본부의 성채가 아닐까 생각된다.

그 이유는 첫째, 우카이디르 성은 이 지역 건축양식이 아니고 시리아의 우마이야 건축 양식이라는 점이다. 시리아의 우마이야 (서기 661~750년) 칼리프들이 서기 700년 전후 시리아와 요르단 등지에 건립한 여러 성채와 궁성을 보면 그 규모가 좀 작을 뿐 외양과 구조는 우카이디르 성채와 매우 흡사함을 알 수 있다.

둘째, 이맘 알리를 제거함으로써 쿠파의 라쉬둔 칼리프 시대에 종지부를 찍게 한 시리아의 우마이야 칼리프들은 당시 이슬람 세계의 중심지였던 쿠파 지역을 장악할 군사적 거점이 필요했다는 점이다. 케르발라에서 이맘 후사인 형제를 공격했던 우마이야 부대의 본부도 바로 이 성채가 아니었나 생각된다. 만일 그렇다면 이 궁성은 서기 670년 이전에 세워진 것이 된다.

셋째, 페르시아의 파르티아와 사산의 왕들이 겨울철에 바빌론,

복원공사 전의 성곽 내부

셀레우키아, 크테시폰 등지를 동계(冬季) 왕성으로 정하여 머물며 메소포타미아의 왕으로서 그 역할을 과시한 예를 앞에서 소개한 바 있다. 마찬가지로 우마이야 칼리프들도 광대한 자신의 통치지역을 순행하며 안전하게 머물며 통치할 수 있는 견고한 궁성이 필요했고 주변 여건이 양호하고 쿠파 등 지역 중심 도시와 가까웠던 이 곳은 그 적지였을 것이다. 더욱이 군사시설로서는 필요 이상의 장식과 기교가 더해진 중앙 홀과 내부시설, 그리고 왕궁으로의 용도에 적합한 내성(內城)과 그 내부에 미로처럼 쉽게 찾을 수 없도록 복잡하게 배치된 여러 개의 방은 분명 이 곳에 왕의 존재를 말해준다.

우카이디르 궁성은 오랫동안 버려졌다가 1980년대 후반에 이르러 복원공사가 시작되어 1990년에 외부공사를 일단 마친 바 있다.

복원공사가 끝난 뒤 성첩 위에 올라가 성채의 전경을 바라보니 이 궁성은 마치 알을 움켜쥔 독수리가 공중으로 솟구쳐 오르려는 듯한 형상이다. 잘 다듬어 진 성첩 통로의 폭은 차량 한 대가 충분히 통과할 수 있을 정도로 넓고 발걸음을 옮길 때마다 돌 바닥에 구두를 내딛는 소리가 딱! 딱! 요란하게 울린다.

이 궁성의 전경은 5천 원에 해당하는 이라크의 5디나르권 지폐 앞면 도안으로 이용된다.

10. 바그다드

바그다드의 건설

서기 750년 다마스쿠스의 우마이야 칼리프를 굴복시키고 돌아
와 쿠파에서 아바스 왕조(Abbasid Caliphate)를 창건한 아바스(Abu
al-Abbas Abdullah as-Saffah ibn Muhammad)는 도읍을 팔루자에서
북쪽으로 5km 떨어진 알 안바르로 옮겼는데 그 곳은 이슬람 시대
이전만 해도 크테시폰 다음으로 큰 도시였다고 한다.

그 다음 왕위를 계승한 칼리프 알 만수르(Abu Ja'far al-Mansur)는
도읍을 바빌론 동남쪽 20km, 바그다드 남쪽 120km 거리에 있는

북쪽 자우라
파크에서 바라본
티그리스 강과
바그다드

의장병 사열에
이용되는 바그다드
광장

하쉬미아로 옮긴 후 서기 762년 바그다드로 옮김으로써 바그다드
의 역사는 시작된다. Bagdad의 원음은 '바으닷'으로 발음되며, 바
그다드라고 말하면 동아시아인을 처음 대하는 사람은 알아듣지
못한다. 또 다른 예로 바그다드의 샤아브(Shaab) 구역을 우리 식대
로 '샤아브'라고 발음하면 'Shah Abu'를 의미하게 되므로 '샤압'
으로 발음해야 의사 소통이 된다.

　알 만수르는 잘 설계된 도시계획에 따라 지금의 바그다드 국제
공항 진입로 입구 북서쪽 알 만수르 구역에 둥근 모양의 원형도시
를 건설한 후 도시의 명칭을 마디나트 앗살람(Madinat as-Salam :
평화의 도시)이라 명명하고 이 곳으로 도읍을 옮겼다. 이 시기 78
년간 바그다드는 서남아시아의 정치 · 경제 · 군사 · 문화의 중심
지였으며, 아바스 칼리프의 세력은 동북쪽으로 아제르바이잔까지
미쳤고 서북쪽으로 비잔틴 제국과 충돌했다. 중도에 아바스의 도
읍은 53년간 사마라로 옮겨진 후 다시 돌아오지만 이 때는 이미 독
립성을 상실하여 터키의 속국이나 다름없는 형편이었다.

바그다드의 유적

대부분의 주요국 수도에는 그 나라 왕권의 상징이 되는 핵심적인 왕궁 유적지가 있다. 예컨대 중국의 자금성, 한국의 경복궁, 영국의 버킹검 등이 그 예라 할 수 있다.

그러나 막상 바그다드를 상징할 유적을 지적하고자 할 때 얼른 마땅한 것이 머리에 떠오르지 않는다. 그 이유는 주위에 황야가 둘러싸고 있어 석재를 구하기 어려웠으며 이 지역의 뜨거운 날씨에는 건축미와 기교가 충분히 발휘되는 석조 건물보다 단열 효과가 높은 흙벽돌 건물이 보다 적합하다는 점과, 바그다드의 칼리프들이 초기에는 건축보다는 영토 확보에 몰두해야 했고 후기에는 독자적인 왕권을 상실함으로써 대대적인 건축공사를 일으킬 수 없었던 점을 들 수 있다.

바그다드는 강폭이 한강의 반정도 되는 티그리스 강이 비스듬히 동남쪽으로 휘어져 흐르고 서울의 미아리에서 시흥 대로에 해당되는 구간은 왕복 6차선의 자동차 전용 고가차도가 놓여 있어 논 스톱으로 시가를 종단하여 통과할 수 있다. 그 외에도 주요 간선도로는 불과 몇 차례의 신호대기만으로 시가지를 통과하도록 되어 있다.

1) 이라크 박물관

바그다드에서 딱 한 군데만 보고 가야 할 사정이 있는 사람에게 알맞는 곳이 바로 바그다드 철도역 부근의 이라크 박물관이다. 4만 5천 년 전 네안데르탈인의 유해를 비롯하여 수메르, 아카드, 바빌로니아, 아시리아, 하트라, 아랍 등 각 시대의 진열관에 전시되고 있는 소장품은 10만 점 이상에 이른다고 한다. 인류문명의 한

불씨가 된 메소포타미아 문명의 전 과정을 한눈에 볼 수 있는 이
박물관은 세계적으로 진귀한 보물이 소장된 1급 박물관이다.

2) 카디마인 사원

바그다드에서 가장 크고 성스러운 곳으로 꼽히는 카디마인(al-
Kadhemain) 사원은 서기 1515년에 건립되었으며 시 중심가에서
6km 북쪽으로 떨어진 숲속의 도시 카디마인 타운 중심부에 서 있
다. 이 곳은 원래 바그다드가 건설되기 이전에는 '알 슈니지'로 불
렸는데 칼리프 알 만수르가 이 곳에 왕족묘지를 만들어 그의 아들

카디마인 사원의
내부

자파르를 비롯하여, 6대 칼리
프 아민, 5대 칼리프 하룬 라
쉬드의 왕비 주베이다 등 왕
족이 묻히게 됨으로써 '쿠레
이시' 묘지라고 불렸다.

그 후 이 곳에 4명의 이맘
인 유스프, 한발, 카딤과 카딤
의 손자 등이 묻혔고 이맘 카
딤의 이름을 따서 카디마인
사원이 건설되었다. 그러자
이 사원을 중심으로 상가와
주택이 들어섬으로써 카디마
인 타운이 형성되었다.

이슬람 사원은 대개 중앙
에 둥근 돔 하나와 좌우에 각
한 개씩 두 개의 미나레트가
서 있는 것이 보통이나 이 사

원에는 중앙에 금박을 입힌 황금 돔이 2개나 있고 황금 미나레트
도 사방 모퉁이에 하나씩 4개나 있어 그 위용이 대단하다. 이렇게
사원을 황금으로 입혀 치장하기 위하여 매우 많은 황금이 소요되
었다고 한다.

3) 아바스 왕궁

이슬람 시대의 가장 아름다운 건물 중 하나로 꼽
히는 아바스 왕궁(Abbasid Palace)은 바그다드에 남아
있는 유일한 왕궁으로 아바스 칼리프 시대의 말기인
서기 1200년경에 세워졌다고 한다. 반면에 그 이전
서기 850년경 세워진 학교라는 주장도 있으나 학교
건물이라고 보기에는 사치스럽고 공간이 너무 협소
한 감이 있다. 약 300평 면적 위에 'ㅁ'자 모양의 2층
으로 지어진 이 석조건물은 왕궁으로는 아담하고 출
입 통제에 상당히 신경을 쓴 인상을 준다.

건물 안은 풀 한 포기 볼 수 없이 외부 세계와 완전

아바스 왕궁 출입구
천정의 장식

아바스 왕궁

히 차단된 채 도무지 밖으로 빠져나갈 틈이 없으니 관광지로 한 번 둘러보고 나가기에는 좋으나 이 곳에서 몇 년씩 머물러 생활한다면 숨이 막혀 정신이상에 걸릴지 모르겠다. 이름만 왕궁이지 구조로 보아서는 창살 없는 감옥이다. 분명 터키 세력이 칼리프를 새장에 넣어 기르듯 머물게 했던 연금처라고밖에 할 수 없다. 이 건물은 티그리스 강을 건너는 시내 중심구역의 3개 교량 가운데 제일 위쪽에 있는 알 슈하다 다리에서 북쪽으로 1km 올라간 동쪽 강변에 자리잡고 있어 궁문 앞마당에서 티그리스 강이 흘러가는 모습을 볼 수 있다.

아바스 왕궁 처마의
곡선미

4) 무스탄시리야 대학

이슬람
최고(最古)의
아카데미
무스탄시리야 대학

알 슈하다 다리 동쪽 끝 부분에서 100m 거리에 있는 남쪽 블럭의 시장골목으로 200m 정도 들어가면 세계에서 가장 오래 된 대학의 하나이며 이슬람 시대의 대표적 대학인 무스탄시리야(Mustansiriya) 대학을 찾을 수 있다. 이 대학은 서기 1233년 아바시드 말기 칼리프인 알 무스탄시르 시대에 완공된 것으로 3천여 평의 대지 위에 직사각형 모양의 2층 건물로 되어 있으며 건축비로는 황금 70만 디나르가 소요되었다고 한다. 학교 운영비로는 별도로 출연된 100만 디나르의 기부금을 재원으로 하여 매년 이식 7만 디나르로 운영비에 충당했다. 교수과목으로는 아랍어, 코란, 이슬람 법학, 논리학, 천문학, 산술학, 약학, 의학의 과정이 있었으며 도서관의 장서는 8만 권에 이르렀다고 한다. 물론 지금은 역사유적의 하나일 뿐 대학으로의 기능은 하지 않는다. 입구 옆 창고에는 먼지를 덮어 쓴 관광 유적 팜플렛이 쌓여 있어 희망자에게 한 권당 1~5디나르에 팔린다.

5) 알 다파리아(또는 와스타니) 성문

알 다파리아 성문(Bab al-Dhafariya)은 현존하는 유일의 바그다드 성문으로 동쪽 중간에 있다고 해서 '밥 알 와스타니(중간문)'라고도 불린다. 서기 1130년경 벽돌로 축조된 이 성벽은 대부분 허물어지고 도로와 건물이 그 자리를 차지하여 현재는 철망을 둘러 쳐서 더 이상의 훼손을 방지하고 있다.

옛 바그다드 동쪽 중간에 있던 알 와스타니 성문

6) 셰이크 오마르 무덤

알 와스타니 성문에서 도로를 다시 건너 북쪽으로 300m 정도 올라가면 점포가 몇 개 늘어서 있는 주택가의 한쪽 블럭에 약 100여 기의 묘가 있는 공동묘지 구역이 있다. 이 곳에는 서기 1225년에 죽은 신비주의자이며 신학자인 셰이크 오마르(Sheikh Omar al-Sahrawadi)의 무덤이 있고 서기 1234년에 완공되어 그에게 바쳐진 20m 높이에 벌집 모양의 셀주크 스타일 모스크가 서 있다.

셰이크 오마르의
무덤과 그에게
바쳐진 셀주크
스타일의 모스크

7) 시트 주무루드 카툰

바그다드 철도역에서 북쪽 도로를 따라 1km를 올라가면 2층 높이의 10각형 건물이 있고 그 위에 셀주크 스타일의 벌집 모양 모스크가 있다. 이것은 제33대 칼리프인 알 무스타디의 왕비이며 34대 칼리프 안 나시르의 모후인 주무루드 카툰의 묘(Sitt Zumurrud Khatoon)라고 한다.

그녀는 자신이 죽기 1년 전까지는 무덤을 완공하도록 명령했는데 명령에 충실한 건축가들이 건물을 완공하자 그녀는 그 이듬해에 곧 숨겼다고 한다.

8) 무르자니야 학교

서기 1357년 바그다드 총독 무르잔에 의하여 건립된 무르자니야(Murjaniya) 학교는 시내 중심가 라쉬드 도로변에 있다. 설립자는 이 학교를 무스탄시리야 대학과 같은 수준으로 만들고자 많은 정성을 기울였으며 지금은 그 자신이 그 건물의 한 교실에 묻혀 있다. 이 학교에는 기도실 벽에 새겨진 헌납 기념기록이 유명하다고 한다. 현재 이 건물은 무르잔 모스크(Murjan Mosque)로 불린다.

9) 칸 무르잔

무르자니야 학교 앞 도로 건너편에 있는 칸 무르잔(Khan Murjan) 건물은 학교 운영을 돕기 위하여 무르잔이 서기 1359년 무르자니야 학교에 헌납한 2층 건물로 상인들의 교역센터 및 숙박시설로 이용되었고 그 수입금은 학교 운영비에 충당했다고 한다.

10) 그 밖의 명소들

한낮 기온이 48도까지 올라갔던 어느 9월 초의 여름날 나는 무스탄시리야 대학 유적지 근처 알 마문 가(al-Ma'moun street)의 인적 없는 횡단보도에서 작렬하는 태양열을 무릅쓰고 푸른 신호등을 기다리며 서 있었다. 발 밑의 보도 블럭은 화로에서 이제 막 꺼낸 돌처럼 뜨거워 도저히 그 위에 두 발을 붙이고 서 있을 형편이 아니었다. 나도 모르는 새에 한 쪽 발을 보도 블럭에서 떼어 한 발로 서 있다가 다른 발이 너무 뜨거우면 발을 다시 바꾸기를 거듭하다가 이윽고 두 발을 동동 구르기 시작한다. 어릴 적 초등학교 시절 3·1절 아침조회 때 두 발을 동동 구르던 모습이 머리에 떠오른다.

예전에는 3·1절 아침만 해도 추위가 아직 물러갈 생각을 하지 않고 있었다. 상황이 그 지경이었는데도 현실을 아셨는지 모르셨는지 교장선생님의 '훈화(訓話)'는 끝도 없이 이어지곤 했다. 게다가 "오등은 자에 아 조선의 독립국임과 조선인의 자유민임을 세계 만방에 선언하노라. 차로써……"로 시작되는 독립선언문 낭독이 추가되고 보니 꽁꽁 언 운동장 위에 얼마나 많이 발을 동동 구르며 어서 조회가 끝나기를 기다렸는지 모른다. 그 시절에는 두꺼운 양말을 두 켤레씩이나 껴 신고도 왜 그렇게 발이 시려웠던지……. 이윽고 신호등에 푸른 불이 들어오고 인절미처럼 물렁거리는 아스팔트를 건너 바그다드 민속 박물관이 있다는 알 수 없는 어두운 골목으로 들어갔다.

다음에 소개되는 것들은 비교적 근래에 건립된 것으로서 유적의 범주에 해당되지는 않더라도 예술적·사회적으로 가치가 높은 바그다드의 명소이다.

◇ 바그다드 민속 박물관(Amanat al-Asima) : 중세 아랍시대의 민간 생활상을 실물 크기로 재현하여 보여주는 민속 박물관이다. 당시 바그다드 뒷골목의 상인들, 대장간의 장인들, 옷감을 짜는 부인들의 모습과 정교한 공예품을 만드는 모습, 학교에서 수업하는 모습 등을 실물처럼 재현해 놓았다.

◇ 아르메니아 정교회(Miskinta Church) : 1628년 이전에 네스토리우스 교도에 의하여 건축된 교회 건물로 마이단 로(路)의 국방성 건물 부근에 있다. 18세기 중엽 아르메니아 인들에게 인수되어 현재에 이르기까지 아르메니아 사회의 중심적 사교광장이 되고 있으며 기존 건물이 노후하여 인접 공터에 새로운 건물을 다시 짓고 있다. 근래 크리스찬 또는 회교인들의 교회 순례지로도 각광을

받고 있다.

◇ 아라비안 나이트 상징 조각물 : 1975년 무하마드 가니라는 조각가가 만든 이 조각물은 티그리스 강변의 아부 누와스 가(街)에 설치되어 있다. 아라비안 나이트의 천일야화를 기념하여 만든 이 조각물은 뭇 여성들에 대한 복수심으로 불타는 샤라야르 왕에게 아름답고 지혜로운 처녀 샤라자드가 1,001일 밤에 걸쳐 1,001가지의 이야기를 들려주는 모습을 나타내고 있다. 한없이 지혜롭고 상냥한 샤라자드는 고전적인 뭇 남성들의 이상적 여인상이다. 이른바 지(知)·덕(德)·미(美)를 겸비한 여인이라고나 할까.

◇ 카라마나의 상(像) : 아리바바 네거리 로터리 중앙에서 주위에 시원한 물을 뿌리며 서 있는 이 조각물 역시 무하마드 가니의 조각물 이며 아리바바의 하녀 카라마나가 도적들 이 숨어 있는 40 개의 항아리에 끓는 기름을 붓고 있는 모습 을 보여주고 있 다.

◇ 알 슈하다(또는 움 알 토불) 모스크 : 공항 진입로 입구에서 건물 양쪽에 하늘 끝까지 닿을 듯 높은 화강석 미나레트를 껴안고 서 있는 이 사원은 출입국 외국인들에게 회교사원의 건축미와 신비감을 과시한 다.

아리바바의 하녀 카라마나가 끓는 기름을 단지 속 도적들에게 붓는 모습

바그다드의 고대사회 텔 하말과 텔 알 디바이

바그다드의 동남 구역 즉 서울로 치면 강동구 하남 위례성에 해당하는 지역은 수메르 사회 붕괴 후 고대 도시국가 에쉬누나(기원전 1860~1760년)의 영역으로 셈어로 '샤두품' 이라 불렸던 마을이 있었다.

지금은 텔 하말이라 불리는 이 곳에서는 고대 바빌로니아의 설형문자로 새겨진 3천여 점의 점토판이 발견되었는데 그 중 2장에 기록된 에쉬누나 법은 함무라비 법보다 150년 이전에 제정된 것으로 밝혀지고 있다.

발견된 기록 중에는 상업거래에 사용된 계약서, 기하 및 대수의 문제들이 취급된 수학교본이 다수 있었고 특히 기하학에 있어서는 그래프와 도형을 이용하여 문제를 푸는 방법이 제시되고 있는데 이러한 방법은 그로부터 약 1,700년 후 그리스의 유클리드가 사용하게 되는 것이었다고 한다. 이 곳에서는 또 지금까지 발견된 가장 오래 된 학원이 있어 기하·대수·지리·국어 등을 가르쳤다.

텔 하말에서 1km 정도 떨어진 곳에서는 텔 알 디바이라는 또 다른 고대 유적지가 마주하고 있어 이 곳에서도 귀중한 수학교본이 출토되었다.

고대의 텔 하말과 텔 알 디바이 양쪽에 살던 마을 사람들은 서로 마주

여러 삼각형의 변의 길이와 면적을 다룬 기원전 1800년경의 기하학 교본. 텔 하말 발굴

하고 있던 탓인지 상대마을에 대하여 다분히 경쟁의식을 갖고 있었다고 한다. 어느 날 하말 촌장의 아들이 디바이 촌장의 아들과 나무 밑에 앉아 얘기를 나누다가 말 문제로 다투게 되었다. 먼저 디바이 촌장의 아들이 힘 좋은 그의 숫놈 종마를 자랑하기 시작했다. 그러자 하말 촌장의 아들도 영리하고 날쌘 그의 어미 말 자랑을 늘어 놓았다.

결국 그들은 스스로의 자랑거리를 증명하기 위하여 증인 앞에서 양 300마리를 걸고 실제 경기를 해보기로 했다. 부질없는 일을 벌여 놓은 하말 촌장의 아들은 아버지에게 이 일을 의논하려 했다. 그러자 그의 아버지 하말 촌장은 화를 내며 지금이라도 당장 디바이 마을에 찾아가 스스로의 실수를 인정하고 경기 약속을 철회하라고 야단쳤다. 어미말이 숫놈 종마를 이긴다는 것은 분명히 무리였기 때문이다. 그러나 하말 촌장의 아들은 아버지의 뜻과는 달리 자존심 상하는 일을 할 수 없었다.

드디어 약속된 날 쌍방 증인 입회 아래 두 촌장의 아들은 출발 신호에 따라 각기 그들의 자랑인 종마와 어미 말을 타고 목표지점인 반환점을 향하여 달렸다. 처음에 그들은 실력이 비슷한 듯 보였으나 오래지 않아 디바이의 종마가 앞서기 시작했다.

얼마 후 두 경쟁자가 출발점에서 멀리 떨어진 지점에 이르자 움푹 들어간 흙구덩이에서 두세 명의 아이들이 벌떡 일어서더니 앞장서 달리는 디바이 종마의 눈에 모래를 끼얹고 달아났다. 종마는 고꾸라져 다리가 부러졌고 기수는 말에서 떨어졌다. 경쟁자가 없어진 하말의 어미 말은 반환점을 돌아 여유있게 출발점으로 되돌아와 결승점에 도착했다.

며칠 후 하말 측은 디바이 마을에 약속대로 양 300마리를 내라고 요구했다. 디바이 쪽에서는 이 요구에 코웃음을 치며 이들의 협

잡질에 매우 분개해했다. 두 마을의 분쟁은 결국 전쟁으로 확대됐다. 그리하여 주위의 먼 마을까지도 친소(親疏) 관계에 따라 양쪽 중 한 편에 가담했다. 이 전쟁은 오래도록 결말을 보지 못하다가 30년이 지나서야 겨우 휴전이 성립될 수 있었다고 한다.

11. 중세기 최대의 도시 사마라

사마라의 건설

티그리스 중류의 강변에 있는 사마라와 그 남쪽 일대는 기원전 6천 년경 신석기 시대의 에사완(es-Sawwan) 문화와 사마라 문화를 이루었던 곳으로 바빌로니아 사람들은 '시마렘', 아시리아 사람들은 '사마르타'로 불렀다고 한다.

서기 833년 제8대 아바스 칼리프가 된 알 무타심은 서북쪽으로 비잔틴 제국과 싸워 그 세력을 저지하고 동북쪽으로는 아제르바이잔 일대의 도전적인 유목민족을 소탕함으로써 아바스 왕국의 전성기를 이루었으나 전투에 종사해 온 터키 용병부대 장군들이 북방으로의 신속한 병력출동에 유리한 이점을 들어 보다 북쪽으로 도읍을 이전할 것을 주장함에 따라 바그다드 북쪽 120km 거리에 있는 사마라(Samara)에 도시를 건설하고 서기 836년 이 곳으로 도읍을 옮기게 되었다.

도읍 이전 후 도시의 중앙에는 남북으로 길이 22km의 '알 아담'이라는 넓은 중앙로가 개설되었고 사원, 미나레트, 왕궁과 많은 건물이 티그리스 강을 따라 늘어서서 그 길이가 34km, 폭 3km의 규모로 확대되어 사마라는 당시 세계 최대의 도시로서 이슬람

사마라 전경. 멀리
황금을 입힌 사원은
아스카리 사원

세계의 경제 · 과학 · 문화의 중심지로 크게 번창했다.

당시 사마라의 건물과 정원 그리고 티그리스 강변의 아름다운 도시경관을 보고 사람들은 이 도시를 '수라 만라' 즉 기쁨을 주는 도시라 불렀다고 한다.

이 시대에 이맘 알리 알 하디와 그의 아들 이맘 알리 아스카리의 두 부자 이맘이 죽어서 도시 남쪽 변두리인 그들의 집에 묻혔다. 그리고 그 곳에 아들 이맘 아스카리의 이름을 따서 황금으로 돔과 미나레트를 씌운 아스카리 황금사원이 세워졌다.

서기 899년 아바스 칼리프의 도읍은 53년 만에 다시 바그다드로 옮겨지고 사마라의 훌륭한 건물들도 세월이 흐르면서 점차 허물어져 도시는 폐허로 변해 버렸다. 그러나 아스카리 사원이 있는 쪽은 오히려 사원을 중심으로 새로운 건물이 들어서고 도로가 개설됨으로써 새로운 도시가 형성되어 오늘날 볼 수 있는 사마라 시의 형태를 갖추게 되었다. 근래 살라우딘 도(道)의 도청 소재지가 인근 티크리트로 이전되기 전에는 사마라가 도청 소재지로서 이 지역 중심도시였다.

사마라의 유적

1) 말위야 미나레트

티그리스 강을 건너 사마라 입구 로터리에서 북쪽 도로를 따라 500m를 올라가면 서기 850년에 건축된 높이 52m 크기에 달팽이 탑이라고 불리는 나사 모양의 신탑 말위야 미나레트(Malwiya Minaret)와 광장사원을 볼 수 있다. 말위야란 나사, 달팽이처럼 빙글빙글 돌아 올라가는 것을 말한다

사마라를 상징하는 이 말위야 미나레트는 가장자리의 계단을 따라 꼭대기까지 오르내릴 수 있는데 이 점은 신탑 지구라트의 꼭

말위야 미나레트

대기에 관망대를 설치하여 도시주변을 감시하고 경비병이 계단을 따라 오르내리도록 되어 있었던 아시리아의 지구라트와 흡사한 것이라 한다. 미나레트 가장자리를 따라 올라가는 계단은 폭이 1m 정도로 좁은데다가 난간이 없기 때문에 추락 위험이 많아 여간 담력이 있는 사람이 아니고는 꼭대기까지 올라가기가 쉽지 않다. 그럼에도 불구하고 끝 부분까지 올라가는 사람들 중에는 검은 차도르를 드리우거나 스커트 또는 바지를 입은 당찬 여성들이 적지 않다.

말위야 미나레트 위에서 바라보면 주위 사방이 모두 한눈에 들어온다. 멀리 티그리스 강의 수면은 햇빛을 반사하며 반짝거리고 사마라 시가지는 지평선 가득히 들어차 있다. 그 가운데 아스카리 황금사원의 광채는 더욱 빛난다.

말위야 미나레트에서 주위를 돌아보고 있자니 대여섯 대의 버스가 멀리 유적지 입구에 와 닿는다. 양복 차림의 유럽인으로 보이는 100여 명의 사람들이 우루루 버스에서 내린다. 생김새를 판별할 수 있는 거리는 아니지만 이라크에서 이렇게 많은 인원을 상주시킬 나라는 러시아밖에 없다.

아마도 러시아 대사관 직원들이 3월의 쾌적한 온도와 상쾌한 휴일아침을 맞이하여 바그다드에서 바람을 쐬러 단체로 나온 모양이다. 나는 사실 그 때까지 러시아인들을 본 적이 없었기 때문에 속으로는 호기심이 발동하여 그들의 거동을 유심히 관찰하면서도 겉으로는 무심한 척 탑을 내려와 그들로부터 멀리 떨어진 다른 곳을 이리저리 돌아다녔다.

말위야 미나레트와 10여 m의 거리를 두고 높이 10m의 방벽을 두른 남북의 길이 240m, 동서의 폭이 158m나 되는 대형 광장이 있다. 본래 이 광장의 용도는 한꺼번에 8만 명이 회교의식에 참여할 수 있었던 사원이었다고 한다. 광장의 한가운데에는 샘이 솟아올라 뜨거운 햇볕 아래에서 목말라하던 신도들의 갈증을 풀게 했다고 하나 지금은 샘의 자취도 찾을 수 없다.

미나레트 주위를 둘러보고 내려온 10여 명의 러시아 대사관 직원들이 방벽 안쪽 광장사원으로 들어온다. 검은 가죽점퍼에 넥타이 차림이 많다. 홍2점 여직원은 전형적인 유럽의 오피스 레이디들이다. 그 중에 날씬하고 수수한 미모에 대사의 여비서로 추측되는 아가씨는 주위 남성 직원들의 관심을 한 몸에 받는다. 모두들 그녀와 한 마디쯤 얘기를 붙여 보려고 안달이 나 있다.

누군가 그녀에게 사진 한 장 찍자고 제의한다. 그러나 다른 사람들이라고 빠질 수 없다. 모두들 두 여직원을 가운데 세우고 둘러서서 사진을 찍기로 한다. 그들은 카메라를 나에게 건네주며 셔터를 눌러 달란다. 케이스의 가죽 모서리가 닳아 헤진 것으로 보아서는 이삼십 년은 되었음직한 키에프 상표의 카메라다.

우크라이나의 중심도시 키에프의 이름을 따서 붙여진 것으로는 러시아 해군의 키에프 급 항공모함에 관하여 들어 본 적이 있지만 카메라는 처음이다. 이 카메라는 무겁기가 카메라보다는 쇠뭉치 쪽에 더 가까울지 몰랐다. 대포에 넣고 발사한 후에 다시 주워 사용해도 별 문제가 없을 것 같다.

단 한방의 셔터를 누르자 되었다며 그들은 카메라를 받아든다. 여벌로 두 번, 세 번 더 눌러 달랄 줄 알고 한 번 더 셔터를 누르려 했던 나는 당황스럽기만 하다. 충분치 못한 그들의 물질생활에서 비롯된 듯한 검약은 도대체 낭비나 여벌이라는 것을 허용하지 않는가 보다.

그들 일행 중 한 명이 소변을 보려는지 방벽 저편으로 걸어가 사라진다. 잠시 후에는 다른 남자 직원이 광장사원에 들어섰다. 나

는 내심 저으기 놀라 정신을 다시 가다듬고 그를 찬찬히 살펴보았
다. 분명 외국 첩보영화에서 소련 스파이나 비밀경찰로 자주 나왔
던 인물이 아닌가. 요크셔 돼지의 눈을 연상시키는 눈매, 신장, 몸
매와 인상 어느 한 곳도 다른 점이 없다. 그는 직원 인솔과 이탈을
방지하는 책임을 맡은 듯했다.

그는 단번에 누가 눈에 띄지 않는지 알아챘다. 아무개가 어디로
갔느냐고 묻는다. 그리고 그의 이름을 소리쳐 불렀다. "유리! 유
리!" 그러자 방벽 뒤에서 지퍼를 걸어올리며 유리라는 남자 직원
이 서둘러 나왔다. 인솔 직원은 시간이 없으니 빨리 돌아가자며 다
른 직원들을 독촉한다. 유리가 다른 직원들과 함께 광장사원의 방
벽을 벗어나기를 기다려 그도 주위를 다시 한 번 둘러 본 후에 자
리를 떴다.

2) 아부 두룹 모스크

사마라 북쪽 22km 거리의 티그리스 강변에는 크기에 있어서는
말위야 미나레트의 그것보다는 다소 작으나 광장사원의 방벽을

아부 두룹 모스크

따라 늘어서 있던 회랑과 기도소의 벽돌기둥이 무수히 남아 있어
단조로운 말위야의 광장사원보다 오히려 볼거리가 많은 아브 두
룹 모스크(Abu Duluf Mosque)가 있다.

아부 두룹 모스크는 사마라의 도시가 너무 남북으로 길게 걸쳐
있다 보니 도시 북쪽의 주민들이 말위야 사원에 참배하는 데 어려
움이 많아 이들을 위한 사원으로 하나 더 건립하게 된 것이라 한
다. 아부 두룹 모스크의 미나레트 높이는 19m, 광장사원의 규모는
215×138m이며 당시 건축기술을 유감없이 발휘한 건축물로 평가
된다.

3) 무타심 왕궁

말위야 미나레트 북쪽 2.5km 거리에는 사마라로 수도를 옮긴
칼리프 알 무타심(al-Mutasim)의 왕궁 터가 있다. 이 알 무타심 왕

사마라 최대의 유적
무타심 왕궁터

궁은 사방 700m로서 이 나라에 있는 개별 유적지 중에는 가장 규모가 큰 것이라 한다. 이 곳에는 '평민의 문'이 있어 칼리프가 문 위에 올라앉아 백성들의 민원을 직접 듣고 대화를 나누었다고 한다.

인근도시 티크리트

사마라 북쪽 45km, 바그다드에서는 북쪽으로 175km 떨어진 티그리스 강 서쪽 절벽 위 드넓은 황야에 형성된 티크리트 시는 1번 국도가 도심을 통과하는 교통요지로서 이 도시의 역사는 기원전 9세기경의 고대 아시리아와 신바빌로니아의 기록에도 티크리트에 관한 언급이 있는 것으로 보아 2,900년 이전으로 거슬러 올라가는 것으로 추정된다.

그러나 무엇보다도 티크리트는 유럽 십자군 이교도를 팔레스타인과 예루살렘에서 축출한 중세 아랍 영도자 살라우딘 알 아유비 (Salah Uddin Al- Ayyubi)가 서기 1137년 출생한 도시이며 그의 이

티크리트의 중세기 사원. 2개의 출입구처럼 보이는 곳은 기도소

름을 딴 살라우딘 도(道)의 도청 소재지이자 중심도시로 되어 있
다.

쿠르드 종족인 그가 쿠르드 인들의 생활터전인 동북 산악지대
를 떠나 왜 이 곳으로 나와 출생하게 되었는지는 알려진 것이 없
으나 아무튼 그는 곧 동북 산악지대의 마을 살라우딘 촌으로 돌아
가 성장하게 되었다.

청년이 된 살라우딘은 삼촌이 장군으로 있는 시리아로 건너가
군인의 길을 밟는다. 용감하고 무용이 빼어났던 그는 오래지 않아
군사 지도자가 되었고 그의 삼촌은 이집트를 장악하여 그 통치자
가 된다. 그리고 삼촌이 죽은 뒤에 그 뒤를 이어 이집트의 왕이 되
었다.

이 때 유럽의 이교도들이 십자군을 조직하여 아랍 세계로 침입
해 들어왔다. 이집트와 시리아는 이에 대처하여 살라우딘을 황제
로 추대하고 그의 영도하에 '아랍 연합체'로 결성되었다. 그리하
여 서기 1187년 살라우딘은 힛틴 전투에서 십자군을 대파하고 이
교도 침략자들을 예루살렘과 팔레스타인에서 완전히 축출했다.

그는 정적에 대하여는 냉혹했으나 어렵고 약한 자와 전장에서
곤경에 처한 적병들에 대하여는 매우 관대했다고 한다. 그는 유럽
인들과의 전쟁중에 곤경에 처한 유럽 침략군의 기사들을 여러 번
이나 구출하여 그들이 안전하게 그들의 진영으로 돌아갈 수 있도
록 편의를 제공했는데 이러한 관용은 그가 반대의 입장에 처해 있
었을 때에 유럽인들로부터 결코 기대할 수 없는 것이었다고 한다.

그뿐만 아니라 그는 적의 수괴인 영국의 사자왕 리처드가 질병
으로 쓰러졌다는 소식을 듣고 여러 바구니의 귤을 보냈는데 이 귤
을 먹은 리처드는 충분한 비타민과 칼슘을 섭취한 탓인지 병석에
서 일어나 전장에 다시 나갈 수 있었다는 것이다.

12. 동북의 고도(古都) 키르쿡

키르쿡의 역사

바그다드 북쪽 260km 거리에 있는 키르쿡(Kirkuk)은 주요 석유 생산기지이며 알 타밈 도(道)의 도청 소재지이자 동북지역 중심도시이다. 그러나 무엇보다도 키르쿡이 오랜 역사를 지닌 유적지라는 점을 빼놓을 수는 없다. 키르쿡 주변의 자모(Jamo), 참처말(Chamchemal)에서는 구석기·신석기 시대의 유물과 기원전 6천년경에 흙으로 빚어진 다수의 모신상이 발견되고 있다.

고대 수메르 인들은 키르쿡을 '가수르'라 불렀다는 기록이 있으며, 이 지역에서는 기원전 2300년경에 제작된 것으로 판명된 지도가 발견되었는데 이는 세계에서 가장 오랜 것이라고 한다. 기원전 2210년경에는 '구티'들이 동북쪽의 페르시아로부터 들어와 이곳을 근거지로 하여 힘을 기른 후에 아카드를 공격하여 멸망시킨 일도 있다. 쿠르드 계의 한 부족으로 알려진 구티 인들은 당시에 이 곳을 '아라파'로 불렀다.

기원전 14세기에 이르러 키르쿡에서는 남부 시리아에 도읍을 둔 미타니 왕국의 분국(分國)이 건국되어 세력을 떨치기 시작했다. 그러자 이로 인하여 북부 페르시아로 통하는 앗수르의 동방 교

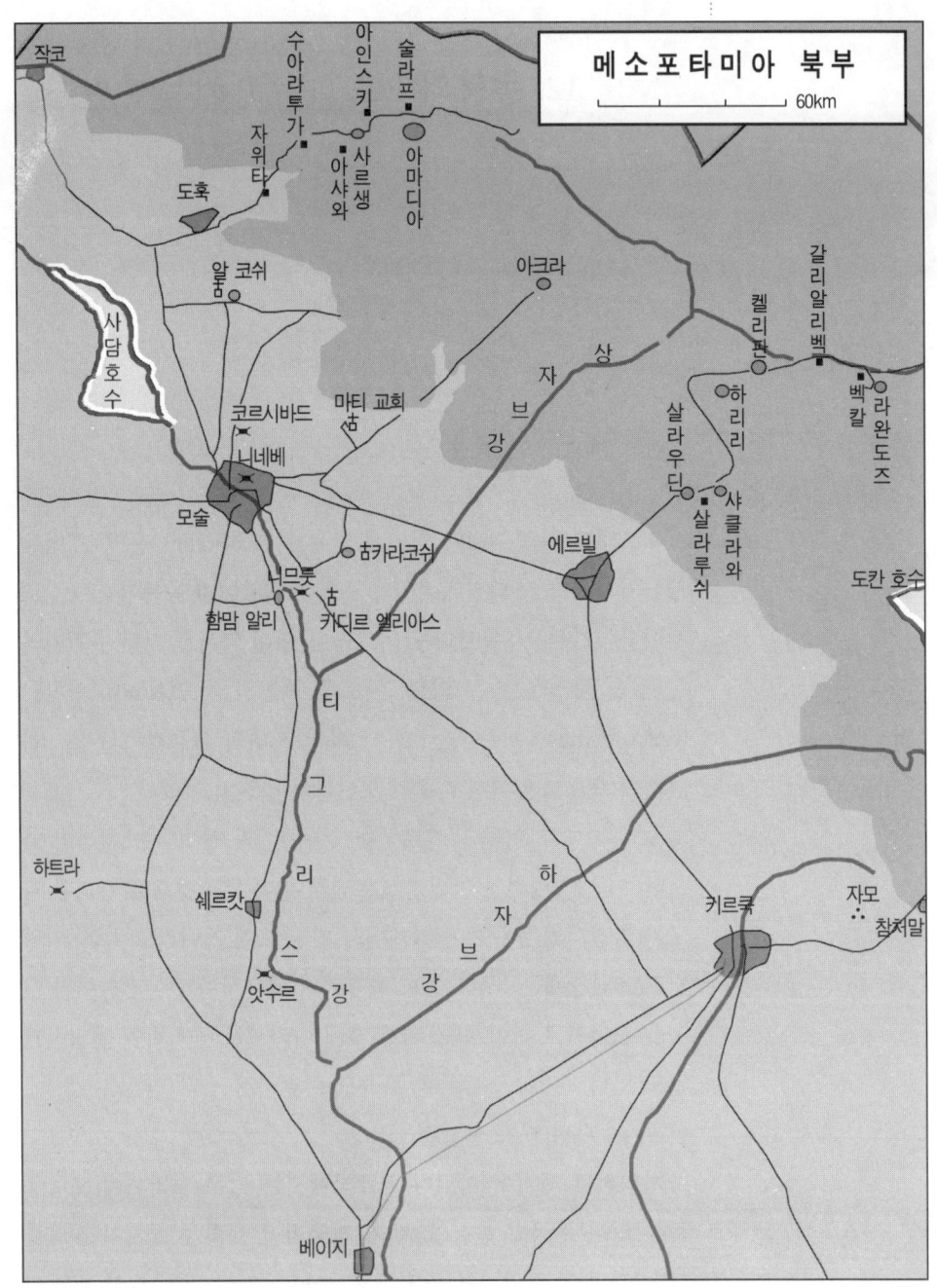

역로가 타격을 입게 되었고 이것은 앗수르의 공격을 유발하여 기원전 1360년 전후 키르쿡의 미타니 세력은 당시 성장기에 접어든 앗수르에 정복되었다.

근세에 이르러 19세기 초 이 도시에 오토만 터키의 북부군 사령부 건물이 2천 평 부지 위에 두터운 벽체와 육중한 2층 테라스 구조로 건축되었는데 이 건물은 현재 지방 문화재로 지정되어 키르쿡 지방 박물관으로 이용되고 있다.

키르쿡 고성과 이스라엘 선지자 다니엘의 모스크

키르쿡은 동북 산악지대와 평원의 황야가 경계를 이루는 곳이다. 키르쿡에는 도시를 양분하여 남북으로 흐르는 하천이 있는데 그 서쪽은 이슬람 시대 이후에 아랍 인들이 들어와 건설한 시가지이고 그 동쪽은 아주 오랜 선사시대부터 사람들이 살았고 이후에는 쿠르드 인들이 자리잡고 있는 구 시가지이다. 따라서 동쪽 쿠르드 거주지역은 노후 건물도 많은 편이며 좁은 골목에는 페르시아 시장처럼 골목시장이 형성되어 갖가지 잡동사니를 길가에 늘어놓고 거래한다. 이에 반해서 서쪽은 아랍 인 등이 거주하며 이슬람 시대 이후 비교적 근대에 이르러 시가지가 형성된 지역이다. 영국인이 건설해 놓은 석유기지를 포함하여 공공기관들은 대부분 서쪽에 있다.

봄 날씨가 화창한 어느날 쿠르드 인 거주 지역 내의 키르쿡 고성 안의 주거지역을 살펴보기로 했다. 이 고성은 키르쿡 시내를 지나다닐 때마다 늘 볼 수 있는 것이기는 하나 하천 건너편 외딴 절벽 위에 올라앉아 있고 성벽으로 차단되어 있기 때문에 외부로부

키르쿠 고성

터의 방문이 거의 없이 옛 모습을 그대로
유지해 내려오고 있는 곳이다. 우리를 태
운 차가 키르쿠 석유기지를 멀리 바라보
는 지점을 지날 무렵 갑자기 천지를 뒤엎
듯 꽝음이 터졌다. 깜짝 놀라 주위를 살펴
보니 1km 저쪽 석유기지 본부 사무실 앞
마당에 마치 작은 원자폭탄을 터뜨린 듯
버섯모양의 흙먼지가 하늘 높이 불끈 솟
아오른다. 이란에서 날아온 미사일이 떨
어진 것이다. 미사일이 석유탱크나 사무
실에 떨어지지 않고 빈 마당에 떨어져 요
란한 폭음과는 달리 피해가 없었던 것은
정말 다행이었다.

키르쿠 고성 안의
주거지역. 도로 위
공간도 활용해야 할
시대가 있었다.

　하천 위의 교량을 건너 동쪽 구 시가지
로 들어갔다. 동쪽 하천변에는 높이 15m, 주위 1.5km 가량 솟아 오
른 암반지대가 천연의 요새처를 이루고 있다. 이 곳이 바로 그 역
사조차도 알 수 없이 오랜 키르쿠 고성으로 옛 구티 왕국이 세워
졌던 왕성이다.

성문 옆에는 경비실이 있어 성내 출입자를 점검한다. 경비실에 앉아 있는 노인에게 입성(入城) 신고를 하고 성문을 들어서니 밖에서 보이지 않던 또 하나의 작은 도시가 성안에 들어차 있다. 골목길을 이리저리 돌아 성문에서 400m 거리를 들어가니 이 마을의 주검들을 지키는 작은 회교사원 다니엘 모스크가 나타난다. 서기 1200년경에 지었다는 이 건물은 겉모습만 회교사원이지 안에 들어가면 학교 교실의 반정도 크기의 빈 방에 양탄자를 씌운 큼직한 궤 3개가 놓인 것이 전부이다.

다니엘 모스크 내부. 우측에 보이는 것이 다니엘의 관이며 하나냐의 궤는 출입구 좌측에, 아사랴의 궤는 다니엘의 궤에 가려서 보이지 않는다.

이 3개의 궤가 바로 이스라엘의 사도 다니엘과 그의 친구 하나냐, 미사엘, 아사랴 중에서 미사엘을 제외한 3인의 시신이 안치된 것이라 한다. 구약성서에 의하면 다니엘은 예루살렘에서 살던 유대 왕국의 선지자로서 기원전 597년 신바빌로니아의 느부갓네살 왕의 군대에 의하여 바빌론에 포로로 끌려왔다고 한다.

다니엘과 그 3인의 친구가 어떠한 인물인가에 관하여는 구약성서에 다음과 같이 설명되고 있다.

환관장이 그들을 데리고 느부갓네살 앞으로 들어갔더니 왕이 그들과 말하여 보매 무리 중에 다니엘과 하나냐와 미사엘과 아사랴와 같은 자 없으므로 그들로 왕 앞에 모시게 하고 왕이 그들에게 모든 일을 묻는 중에 그 지혜와 총명이 온 나라 박수와

　　술객보다 10배나 나은 줄을 아니라. (다니엘 2장).

　　다니엘이 바빌론으로 끌려간 지 오래지 않아서 칼데아의 왕 느부갓네살은 어느 날 꿈을 꾸고 나서 불안과 번민에 싸여 있다가 자신이 무슨 꿈을 꾸었는지는 말을 하지 않은 채 모든 박사와 술객들에게 자신이 꾼 꿈의 내용과 해몽을 말하라고 명했다.

　　그러나 아무도 그가 무슨 꿈을 꾸었는지 알 수 없었다. 그러니 해몽을 할 수도 없었다. 그러자 다니엘이 나섰다. 그는 왕이 꿈에 황금 머리와 놋의 몸체와 철의 다리 그리고 철과 진흙으로 된 발가락을 보았다고 말했다. 그리고 그 꿈은 왕에게 앞으로 세상이 어떻게 돌아갈 것인지 알려주는 것이라고 해몽하여 말했다. 그러자 왕은 놀라서 다니엘과 그 친구들을 포상하여 높은 관직에 앉히고 다니엘에 대한 신임과 대접은 더욱 극진해졌다.

　　칼데아 왕국이 망한 후에 다니엘과 그 친구들은 페르시아의 키루스 왕에 의해 고관으로 발탁되고 다니엘은 총리대신까지 지냈다고 구약성서는 기록하고 있다. 그러한 다니엘과 그 친구들이 어찌하여 이 곳에 누워 있는지는 참으로 궁금하지 않을 수 없다. 혹시 가짜일 수도 있지 않은가. 그렇다면 누가 왜 이렇게 집터와 건물이 부족한 성내에서 모스크까지 건축하여 바쳐가며 이렇게 오래도록 일을 꾸민단 말인가. 여기 사는 사람들은 다니엘이 누구인지도 모를 사람들이다. 도무지 가짜일 가능성은 없어 보인다. 다만 관리인은 이렇게 말한다.

　　"다니엘과 그 친구들이 죽은 후 그의 동포들이 그의 시신을 운구하여 고향으로 돌아가는 길에 이 곳을 지나게 되었다. 그들은 이 곳에서 며칠 쉰 후, 후일 편리한 시기에 찾아가기로 하고 시신을 맡기고 떠났다. 그리고 그것이 마지막이었다."

키르쿡 고성 안의
옛 교회 폐허

건물 옆 30평 정도의 구내에는 서기 1800년경에 사망한 터키의 장교, 그리고 동네 주민들의 묘가 옹기종기 들어차 있다.

다니엘 모스크에서 몇 집 건너에는 150평 정도의 교회 터가 있다. 이 교회는 메소포타미아 지역에서는 매우 보기 드물게 서기 240년에 멸망한 하트라 왕국의 신전에서나 볼 수 있었던 대리석 아치를 사용하고 있어 그 신도들의 재력이 매우 풍부했음을 보여준다.

어째서 폐쇄된 이 곳에 다니엘의 시신을 받아들일 수 있었고, 재력있는 기독교 교회가 들어설 수 있었을까. 아마도 그 실마리는 고대 아시리아 시대에 강제 이주해 왔을 이스라엘 인들에게서 찾아야 할 것 같다. 그 때에 몇 명의 이스라엘 인들이 이 곳 키르쿡 고성을 이주지로 배정받아 정착하지는 않았을까. 그리하여 이 곳에 뿌리내린 그들의 자손과 그 이웃들이 그 후에 이곳을 지나게 되는 유대인과 기독교에 대하여 호의적인 환경을 조성하게 된 것이 아닐까.

더욱이 시신을 운구하던 그의 동포들이 다니엘이 생전에 바빌론과 페르시아에서 역대 왕들의 총애를 한몸에 받고 주요 고위직을 역임하면서 비축했을 적지 않은 재물의 일부 또는 전부를 시신과 함께 넘겨주고 갔을 가능성이 높고 보면 키르쿡 성민들이 죽은 다니엘 일행의 시신을 소홀히 다룰 수는 없었을 것이다.

다니엘 모스크를 나오며 생각해 보니 아무래도 석연치 않은 점이 있다. 구약성서에 의하면 다니엘과 3명의 친구 등 모두 4명은 극히 우의가 깊고 항상 행동을 함께했던 것으로 되어 있는데 어째서 그 중 1명 미사엘은 어디로 가고 3명만 이 곳에 누워 있는 것일까. 미사엘이 페르시아 인으로 귀화했거나 중도에 친구들과 결별하여 독자적으로 다른 길을 걸어갈 이유가 없지 않은가. 분명히 그도 친구들과 함께 이 곳에 들어왔을 것이다. 아마도 그가 그의 친구들과 함께 이 곳에 누워 있지 않았던 이유가 있었다면 그것은 그가 이 곳에 스스로 그의 두 발로 걸어 들어왔고 또 걸어 나갔기 때문일 것이다.

아무리 생전에 사랑하던 가족이나 존경을 아끼지 않던 동포라 할지라도 그들이 죽어서 땅에 묻힌 유골까지 꺼내어 페르시아의 왕도 페르세폴리스에서 예루살렘까지 자그로스 산맥의 험한 첩첩 산줄기를 수없이 넘고 다시 시리아 사막을 건너 수천 km가 되는 거리를 운구해 갈 생각을 할 수 있었다고는 생각되지 않는다. 어쩌면 유골이 되어 버린 다니엘과 2명의 사도를 고집스럽게도 이 곳까지 끌고 온 사람은 피보다 진했던 우정을 이국 땅에 묻고 떠날 수 없었던 미사엘이 아니면 누구도 생각할 수 없었을 것이다. 아마도 그는 이 곳에서 동족인 유대인과 그들이 세운 여호와의 전당을 발견하고 친구들의 시신을 잠시 맡길 생각을 할 수 있었을 것이다. 그리고 그와 무리들이 이 곳을 떠날 때 미사엘은 친구들을 이 곳에 떼놓고 간다는 죄책감으로 인하여 재물에 욕심을 내지 않고 친구들의 재물 모두에 자신의 몫 일부를 얹어 키르쿡 성내 주민들이 모두 놀랄 정도의 금덩이를 사례금으로 내놓고 갔을 것이다. 그리고 그 사례금의 일부는 후에 시신들이 안치된 여호와의 전당을 사치스러운 교회당으로 개축하는 데 사용되었을 것이며, 이슬람 시대에 들어와서 교회당이 허물어진 후에는 현재의 자리로 옮겨지게 되었을 것이다.

그러나 어쩌면 미사엘조차도 그리던 예루살렘에 닿지 못하고 사막의 모래폭풍 속에서 노쇠한 몸이 과로와 탈진 그리고 열병을 이기지 못하여 사망했을지도 모른다. 그리하여 예루살렘에 돌아가 자리를 잡는 대로 빠른 시일 내에 친구들의 시신을 찾아가겠다던 약속을 영원히 지키지 못하게 된 것이 아니었겠는가 나름대로 추측해 본다.

성문에서 멀지 않은 주택에는 서기 1100년경에 최초로 키르쿡에 살았다는 아랍 인의 묘가 작은 안마당에 보존되어 있는데 그 묘의 주인은 큰 부잣집의 외동딸이었다고 한다.

골목길 어느 집 문이 반쯤 열려 있기에 언뜻 들여다 보았더니 수도 공급이 잘 안 되는지 다소 지저분한 차림이긴 하나 흰 얼굴에 미모인 10대 후반의 여인이 알 듯 모를 듯 미소를 짓는다. 주위에는 나이 어린 아이들이 서너 명이나 딸려 있다. 뒤따르던 안내인이 이슬람 사회에서 외간 남자를 보고 미소를 짓는 여인은 매춘에 뜻이 있는 것이라고 귀띔해 준다.

업무상 체류 외국인 관리청에 들렀다 나오려니 지나던 40대 남자가 15디나르(1만 5천 원 상당)를 줄테니 지금 신고 있는 신발을 팔란다. 그 신발은 숙소에서 주인 없이 버려져 있는 캐주얼을 주워 신은 것이다. 지금 신고 있는 신발을 팔면 나는 무엇을 신느냐고

키르쿠크의 골목가게

했더니 검은 타이어를 잘라 만든 자신의 슬리퍼를 무료로 주겠단다. 끈질기게 달라붙는 그를 간신히 떼어 놓고 그 자리를 떠났다.

그 전에도 입고 있는 남방셔츠를 벗어 5디나르(5천 원 상당)에 팔라며 매달리던 사람을 떼어 놓은 적이 있다. 그 남방은 몇 년 전 미아리 골목 옷가게에서 5천 원에 산 것이었다. 지구상에는 입을 옷과 신고 다닐 신이 없어 다 떨어진 옷에 타이어 조각을 끌고 다니는 사람들이 수억 명은 된다. 입던 옷이나 신이 작다고 해서 버리는 것은 인류에 대하여 죄가 된다. 더 이상 이용할 수 없는 헌옷가지와 신은 깨끗이 세탁하고 수선해서 유용하게 활용할 수 있는 사람들에게 보내야 한다. 한국에서도 미국인들이 보내준 헌 옷가지를 구제품이라고 하여 고맙게 얻어 입던 시절이 있었다. 그것도 연줄이 있고 운이 좋은 사람만 얻을 수 있었다.

이라크는 거의 대부분의 물건을 외국에서 수입해서 쓴다. 그러나 돈이 충분치 않아 중국, 홍콩, 대만 물건을 수입해 쓰는데 품질이 워낙 떨어져서 한두 번 쓰다가 버리게 되니 돈만 날리기 일쑤

다. 그렇다 보니 값도 비싸지 않고 품질 좋은 한국산 물건은 헌 것
이라도 인기가 높다. 이따금 일본, 이탈리아, 프랑스 제품이 눈에
띄기도 하나 가격과 품질의 양면을 놓고 계산한다면 한국산 제품
이 훨씬 경제적이다.

　그러나 전자제품은 좀 문제가 다르다. 전자상점에 진열되는 제
품은 가지각색 디자인의 일본 제품이 손에 닿기 쉬운 아래쪽 중앙
에 자리잡는다. 그 옆은 마지못해 쓰게 되는 값싼 중국과 홍콩 제
품이다. 저쪽 구석 손이 닿지 않는 곳에 일본제품 중 가장 후져 보
이는 것이 있어 지나치려니 값이 뚝 떨어지게 차이가 난다. 유심히
살펴보니 한국의 가전 3사 제품이다. 한국기업들이 외국에서 물건
을 팔려면 기능 향상과 함께 매력 있고 독창적인 디자인을 개발해
야 한다. 매번 일본의 3류 제품 디자인을 그대로 복사해서 외국에
내다 팔려 하다가는 매장 한구석에서 먼지나 뒤집어 쓰고 냉대받
는 신세를 면하기 어렵다.

　돌아오는 길에 군사령부 지역을 통과하려니 10여 대의 택시가
이라크 국기로 감싼 관을 차실 지붕 위에 얹고 사령부 후문을 빠

쿠르드 인의
야채가게

져나온다. 택시 안에는 비통한 표정의 유족들이 눈물을 짓고 있다. 남편과 자식을 잃은 수많은 여인들이 터뜨리는 울음과 한숨소리가 검은 천으로 드리워진 차도르와 두터운 흙벽돌 밖으로 새나오는 것은 아니라 할지라도 이들을 지켜보는 이방인의 마음은 무겁기만 하다. 오랫동안 전쟁이 지속되고 보니 경제·사회적으로 불안하여 결혼은 엄두도 내지 못하고 노처녀 노총각으로 30세를 바라보는 사람들을 내 주위에서도 많이 본다.

하늘을 덮었던 황사도 모처럼 걷힌 그 날의 하늘은 맑고 푸르기만 한데 멀지 않은 유정(油井)에서 석유가스를 태우는 불꽃이 하늘 높이 검은 연기를 토해 낸다. 검은 연기는 쉽게 사라지지 않고 마치 흰 소복에 검은 먹물을 흘려 버리듯 바람을 따라 지평선까지 길게 꼬리를 드리우며 맑고 푸른 창공을 더럽힌다. 지구와 인류의 골수를 병들게 하는 온갖 오염원인 석유를 퍼올리며 타오르는 저 불꽃이야말로 노스트라다무스가 말하는 '악마의 불꽃' 이 아니던가.

이듬해에는 이란·이라크전의 휴전 발표가 있었다. 이라크 군은 키르쿡 고성을 마주 바라보는 하천 변 공터에 포신을 서북쪽으로 향하게 하여 야포 1개 포대를 배치했다. 그리고 1개월간 매일 밤마다 10분 간격으로 밤새도록 실탄 사격을 하여 축포를 터뜨렸다. 시야를 가리는 장애물이 없이 넓은 대평원 위에 자리잡은 키르쿡과 주변 주민들은 빨갛게 달궈진 탄두가 포물선을 그리며 밤하늘 높이 솟았다가 지평선으로 떨어지는 광경을 바라보며 지겨운 전쟁이 끝난 것을 기뻐하며 환호했다.

13. 아시리아의 요람지 앗수르

지도를 따라 물어 물어 찾아가던 나의 앗수르 초행길에는 다소 혼란이 있었다. 지도대로라면 북부 석유기지 베이지 북쪽 57km에서 오른쪽으로 갈라지는 것으로 되어 있다. 베이지를 통과하여 1번 국도를 따라 달리다가 보니 오른쪽으로 그럴듯하게 잘 포장된 갈림길이 나타났다. 혹시 이 길이 아닐까 하는 생각에 갈림길로 접어들었다. 꼬불꼬불 고갯길을 올라 200여 m 높이의 정상에 이르니 수많은 산줄기가 부챗살처럼 갈라져 나가고 저 멀리 티그리스 강이 한 폭의 그림같이 굽이쳐 흐르는 장관이 펼쳐진다. 그러나 마을이나 유적지는 있을 듯 싶지 않다. 경이로운 이국적 경치에 잠시 빠져 있다가 다시 차를 돌려 국도로 되돌아 나왔다. 얼마를 지난 후에 오른쪽으로 갈림길이 또 나타나고 고개를 넘어 내려오는 마이크로 버스의 모습이 눈에 띄었다.

이 길이 앗수르 진입로인가 보다 하는 생각에 또 차를 돌려 갈림길로 들어섰다. 100여 m 높이의 고개를 넘어 4km를 들어간 후에 다시 작은 고개를 하나 더 넘어 돌아 내려가니 북쪽으로 병풍 같은 절벽 밑을 휘감아 돌아 내려오는 티그리스 강의 장관이 펼쳐진다. 절벽 뒤로는 다소 높은 산줄기가 뻗어 있고 그 산등성이에는 자갈 채취장이 있다. 여기서는 자갈을 강변에서 채취하는 것이 아니라 산에서 채취하는 것이다. 깎여진 산허리에는 개울가에서 볼 수 있었던 동글동글한 자갈 퇴적층이 모습을 드러낸다. 그 곳을 떠나 작은 마을에 들어서니 동네 농협창고 모양의 건물 앞 공터에서 축구를 하던 10대 어린이 10여 명이 처음 보는 이방인이 신기한 듯 게임을 중단하고 "야바니!" 하고 소리를 치며 몰려온다. 녀석들은 일본인을 하늘에서 내려온 천사라도 되는 줄 아는가 보다. 그 중에 제일 키가 큰 녀석이 다가오더니 묻는다.

"야바니(Japanee)?"

"라! 아나 코리(Coree)."

'라' 는 아니라는 말이고 '아나' 는 자신을 가리키는 1인칭 대명사이다. 호기심과 기대에 가득찬 얼굴로 내 주위에 몰려 있던 녀석들의 표정이 갑자기 떨떠름한 모습으로 바뀐다. 돈 많은 전자 하이테크의 나라 야바니가 아니고 말썽 많은 화염병과 쇠파이프의 나라 코리라니……. 티그리스 강변 오지의 한적한 시골 마을이지만 녀석들이 매일 밤 TV에 비춰지는 두 나라의 실상을 모를 리 없다. 녀석들의 당혹스러운 마음을 달래 보기로 했다. 엄지 손가락을 치켜세워 허세를 부린다. "코리 젠!" '젠' 이란 좋다는 뜻이다. 녀석들도 고개를 끄덕이며 엄지 손가락을 치켜세우고 "코리 젠!"을 합창한다.

이 마을에서 다시 국도로 나와 북쪽으로 다시 10여 분을 달리니 비로소 쉐르캇 방향을 알리는 표지판과 함께 오른편으로 갈라지는 갈림길이 나타난다. 바그다드에서는 북쪽으로 264km 떨어진 지점이다. 쉐르캇 방향의 갈림길로 접어들어 15km를 들어가면 이 지역의 중심이 되는 시골 작은 도시 쉐르캇을 1km 앞두고 칼랏 쉐르캇 마을이 나타난다. 마을 초입에서 동쪽으로 돌아 2km를 들어가면 멀리 티그리스 강변에 20m 높이로 우뚝 솟아 있는 삼각형 암

반지대와 그 위에 피노키오의 고깔모자 모양 솟아 있는 작은 산이
보인다. 이 곳이 바로 구약성서에 최초로 기록된 고대도시 앗수르
(Assur)이며 지금은 아슈르(Ashur)로 불리는 곳이다. 앗수르는 소
아시아 일대를 제패하여 강대한 아시리아(Assyria) 제국을 건설했
던 앗수르 인들이 그들의 주신(主神)인 앗수르 신을 모신 성지였
고 아시리아 제국의 요람지이며 첫번째 도읍이었다.

고대사회가 안정되고 문물이 발달됨에 따라 동서양의 교역이
이루어지기 시작하자 앗수르는 페르시아와 지중해 연안 간의 교
역로에 위치한 지리적 이점을 안고 동서교역을 독점할 수 있었다.
그리하여 앗수르는 자연적으로 외부 문물을 메소포타미아에 전달
하고, 한편으로는 메소포타미아의 것을 외부세계에 전파하는 구
실도 하게 되었다.

앗수르의 이러한 위치는 상권 확장과 교역로 확보를 추구하게
했고, 이를 위하여는 강력한 군대, 충분한 군자금과 광범위한 정보
통신망을 필요로 했는데 그 모든 것은 당시 국제교역의 중심지였
던 앗수르만이 얻을 수 있는 것이었다.

앗수르의 지형

돌출된 삼각형 암반 위에 세워진 앗수르는 천험의 요새처였으
나 그 규모는 주위 길이가 3.5km 남짓하여 국세가 확대됨에 따라
도읍지로서 비좁음을 면할 수 없었다. 그리하여 아시리아 중기에
는 시가지가 성벽을 넘어 동남쪽 구릉지대로 팽창했고 나중에는
보다 넓은 다른 도시로 세 차례나 도읍을 옮겨야 했다.

앗수르의 북쪽으로는 티그리스 강이 북쪽에서 달려와 20m 높

이의 병풍처럼 버티고 서 있는 절벽에 물길이 막혀 동쪽으로 방향을 돌려 내려간다. 서쪽도 높은 절벽이다. 서쪽 절벽 밑에는 운하처럼 깊은 도랑이 있어 자연적인 해자를 이루고 있다. 도랑 너머로는 넓은 쉐르캇 평원이 펼쳐진다.

다만 다른 한 쪽 남쪽 방향은 양떼가 풀을 뜯기에 적당했을 얕은 구릉지대에 이어지고 있어 방어상 취약지대가 되고 있다. 그래서 이 방향으로는 외성과 내성의 이중으로 요새화된 벽돌 성벽이 구축되어 있었다.

도시의 북쪽 모서리 부분에는 티그리스 강을 건너온 배가 접안할 수 있는 선착장이 있어 사람이나 말이 배에서 내릴 수 있었고, 짐을 실은 배는 선착장을 지나서 운하 모양의 서쪽 도랑 안쪽 하역부두에서 짐을 내렸다. 배에서 내린 인마(人馬)와 하물(荷物)은 긴 계단을 올라와 성의 북문을 통해 도시로 들어왔다.

북문을 통과하면 앗수르 신께 바쳐진 높이 60m의 지구라트가 앞을 가로막는다. 피라미드 모양의 이 벽돌 신탑 꼭대기에는 망루가 설치되어 천문을 관측하고 도시 주위의 이상 유무를 감시했다. 그러나 이 신탑은 허물어져 현재 26m 높이의 동산으로 변해 있다.

앗수르의 역사

앗수르 인들은 본래 아라비아 메사 산 부근에서 살던 종족이었는데 주위 토질의 사막화가 심화되어 양떼가 뜯을 풀이 점점 사라지자 기원전 2500년경 이주의 길에 오르게 되었다. 그들은 시리아까지 올라가서 유프라테스 강을 따라 내려오다가 강 동편에 끝없이 펼쳐진 타르타르(Tharthar) 평원의 질 좋은 목초를 발견하고 양떼에 풀을 뜯기며 옮겨가던 중 티그리스 강이 앞을 막고 있는 이곳에 도달하게 된 것이다.

그 때 이 곳에는 이미 기원전 4천 년 이전부터 마을을 이루어 평화롭게 살고 있던 수메르 인들이 자리를 잡고 있었다. 처음 몇 년 동안 부족장 격인 왕을 비롯하여 앗수르 인들은 마을 밖에서 장막을 치고 살았다. 그러던 어느 날 밤 앗수르 인들은 수메르 인들을 쳐 없애고 천혜의 요새처인 이 곳을 차지한다. 그들이 이 마을에 들어왔을 때에는 시리아 계통의 배우자가 많아 이미 앗수르 인의 순수한 혈통은 찾기 어려웠다고 한다.

기원전 2300년경 앗수르 인들은 형제부족 아카드 인들이 메소포타미아를 통일하자 아카드의 지배 밑에서 그들과 합세하여 북부 각처의 교역로 개척을 위한 원정에 나섰다.

기원전 2100년경 앗수르는 다시 아카드의 뒤를 이어 메소포타미아를 통일한 우르 제3왕조의 지배를 받았다. 우르 멸망 후 앗수르는 남으로는 바빌론 부근, 북으로는 시리아의 도시국가 마리(Mari)까지 영토를 확장했으나 곧 이어 나타난 함무라비 왕에 패하여 바빌로니아의 종속국으로서 그 지배 밑에서 지내게 된다.

그 후 카시트 왕국이 바빌론을 차지하고 바빌론 제3왕조를 열었을 때 앗수르는 바빌론 왕과 혼인관계를 맺으며, 시리아의 히타이트 및 이집트와 친교를 맺는 한편 기원전 1360년경 키르쿡의 미타니 분국(分國)을 정복하여 세력 확장을 시작했다.

제87대 왕 티글라트 필레세르(Tiglath Pileser Ⅰ : 기원전 1157~1077년)에 이르러 앗수르는 북쪽으로 아르메니아, 서쪽으로는 지중해 연안의 모든 도시들과 남쪽의 바빌론을 정복하여 명실공히 아시리아 제국으로의 면모를 갖추며 강국으로 성장했다. 그러나 그의 죽음과 함께 국세도 위축되어 아시리아는 다시 대부분의 정복지를 잃게 되었다.

제101대 왕 앗수르나시르팔(Assur nasir pal Ⅱ : 기원전 885~858년)은 그의 시대 이전에 이미 회복된 국세를 더욱 강화하고 국가체제와 제도를 정비했다. 그리고 비좁은 앗수르를 떠나서 티그리스 강을 따라 북쪽으로 90km 거리에 있는 칼루(Kalhu, Kalla)로 왕도를 옮겼다.

그 후 앗수르는 기원전 612년 아시리아 제국이 붕괴되면서 도시의 대부분이 파괴되고 황폐화되었으나 얼마 후 사람들이 다시 모여 살면서 기원전 139년 이후의 파르티아 시대에는 페르시아 왕자가 직접 머물며 통치하는 북부지역 행정 중심지가 된다. 그 뒤를 이어 하트라가 이 곳을 차지했을 때에는 상업 거점도시로 역할을 했다.

앗수르는 하트라 멸망 후 중세 이슬람 시대에 다시 한 번 상업도시로 각광을 받아 캐러밴의 교역이 성행했으나 지금은 도시의 흔적조차 찾아볼 수 없이 10여 세 아이들이 나귀등에 올라 앉아 옛 유적의 폐허에서 한가롭게 양떼를 몰고 다닐 뿐이다.

유적지 앗수르

아시리아의 유적지 앗수르에 들어서면 건너편 구릉지대를 마주 보며 이 곳을 지켜왔던 허물어진 벽돌성벽이 방문객을 맞는다. 옛 성문 터였을 급한 비탈길을 올라 성 안에 들어서니 제일 먼저 흡사 함공모함의 함교처럼 서 있는 지구라트가 시야에 들어온다. 그 앞쪽에 사방 50m 규모의 왕궁 터가 있다. 왕궁 옆에는 왕묘 발굴 터가 파혜쳐진 모습으로 일반에 공개되어 있다.

앗수르 동쪽 성문터

앗수르 지구라트와
왕궁, 왕궁 우물

왕궁은 마른 풀을 섞은 흙벽돌로 두텁게 쌓아 올린 아래쪽 벽체만 남아 있다. 왕이 신하들을 둘러세우고 국정을 의논하던 왕궁 내부의 궁정 옆방에는 직경 1.5m에 깊이 20m의 우물이 남아 있다. 우물 속에는 어두운 암흑이 가라앉아 있을 뿐 물은 보이지 않는다.

왕궁 동쪽 바로 옆에는 20평 넓이의 구덩이가 파헤쳐져 있다. 이 곳은 3명의 왕과 2명의 왕비가 묻혔던 묘역이나 시신과 부장품

5명의 아시리아 왕
및 왕비가 묻혔던
왕실묘역

은 뿔뿔이 흩어져 간 곳 없고 묘실은 속속들이 햇볕에 드러나 뭇
사람의 발 밑에서 구경거리가 되고 있으니 여간 수난이 아니다. 이
묘역에 묻혔던 3명의 왕은 제89대 왕 벨 칼라(기원전 1115~1077
년), 제91대 왕 샴쉬 아다드 4세(기원전 1054~1051년), 제92대 왕
앗수르나시르팔 1세(기원전 1050~1030년)였다고 한다.

원추형 동산처럼 허물어진 앗수르 신탑 정면에는 동굴 모양 입
구가 뚫려 있다. 멀리서 바라보니 일본인으로 보이는 동아시아인
4, 5명이 달려와 동굴 입구에서 차를 내리더니 삼각대에 TV 카메
라를 설치하고 지구라트와 동굴 속을 부지런히 촬영하고 돌아간
다. 지구라트 정면에 뚫린 동굴 안으로는 지하 1층 깊이로 통로가
뚫려 있다. 그러나 아무런 유물도 발견되지 않아 미련없이 작업을
포기한 듯 거친 벽돌더미만 여기저기 무너져 있다.

신탑 뒤 400m 떨어진 곳에는 강물을 굽어보며 작은 단층 건물
이 서 있다. 이슬람 아바시드 시대에 왕의 별장으로 사용되던 화란
(Faran) 별궁 건물이다. 이 건물은 지금 앗수르 지방 박물관으로 사

(옆)항아리 2개를 잇대어 만든 아시리아 인의 옹관 (가운데)사자(死者)의 식량을 담았던 단지 (아래)앗수르 귀족이 사용하던 석제 세면기

용된다. 박물관 안에는 대형 항아리 안에 유골 두 개가 나란히 들어 있고 돌절구 모양의 세면기와 일본 대학생들이 발굴했다는 헝겊 조각들, 장신구 등 단출한 진열품이 이따금 찾아오는 유럽인 방문객을 맞는다. 앗수르 뒤쪽 강 건너편에는 몇 그루의 나무가 서 있고 얕은 구릉이 넘실거리는 평원이 펼쳐진다.

앗수르에 대한 발굴 작업은 서기 1821년 독일 학자들에 의하여 시작된 이래 독일과 영국 그리고 최근의 이라크 문화재관리국에 의하여 여러 차례 시행된 결과, 옛 앗수르 왕의 기록물과 왕의 유해 그리고 옹관 등이 발굴되었으나 괄목할 만한 유물은 보이지 않는다.

유적지에는 두부를 잘라내듯이 직사각형으로 깊게 파 놓은 발굴지가 여기저기 있어 다른 생각에 열중하며 걷다가는 깊은 구덩이 속으로 떨어지기 십상이다. 어느 날 나는 부속이 없어 파킹 브레이크 고장 수리가 안 된 차를 평지에 세워 놓고 잠시 카메라 셔터만 누르고 돌아오겠다는 생각으로 시동을 끄지 않은 채 운전석을 뜬 적이 있었다. 급히 셔터를 누르고 돌아보니 사실은 그 곳이 평지가 아니었던지 자동차가 티그리스 강의 절벽 쪽으로 굴러가는 것이 아닌가. 차에는 점점 가속도가 붙어 절벽을 향하여 맹렬한 기세로 300여 m를 달려갔다. 참으로 아찔한 순간이었다. 내달리던 차는 도중에 4m 깊이의 발굴터 구덩이로 떨어져 처박혔다. 강물로 굴러 떨어지지 않은 것만으로도 천만다행이었다. 때마침 복원공사에 동원된 포크레인이 멀지 않은 곳에서 작업중이었기에 사용료를 지불하기로 하고 불러와 차를 끌어낼 수 있었다.

그 후 내가 13번째이자 마지막으로 앗수르 유적지를 찾았을 때였다. 어느 지점을 부지런히 걸어가던 나는 갑자기 무엇인가 이상함을 느꼈다. 걸음을 옮길 때 들으니 빈 항아리 위를 걷는 것처럼 맑은 진동음이 땅 속에서 나는 것이 아닌가. 혹시 하는 생각에 여기저기 쿵쿵 발을 구르며 다시 걸음을 옮겨 보았다. 틀림없이 내가 서 있는 곳에는 1평 남짓의 지하공간이 있는 것이다. 저만큼 강변에 자리잡은 문화재관리국 앗수르 사무소에 신고를 할까 하다가 적당한 기회에 직접 발굴팀을 물색해 보기로 하고 그 곳을 떴다.

앗수르 박물관 뒤편으로 옛날 티그리스강 수면까지 연결되었던 선착장 계단은 현재 흔적도 없고 강을 건너는 배도 보이지 않는다. 오래 전 선창이었을 강변 기슭에는 이름 모를 각종 꽃들이 모처럼 화창한 봄날을 맞아 온갖 자태를 뽐낸다.

앗수르의 왕궁과 지구라트가 서 있는 반대쪽 동편 구역은 페르시아의 파르티아 왕국이 지배하던 시대에 왕자 궁, 재판소, 행정관서 등이 몰려 있던 관청구역으로 당시의 건물 기초 부분이 아직 남아 있다.

14. 아시리아의 두번째 도읍 니므룻

모술에서 동남쪽 키르쿡 방향으로 모술 ↔ 키르쿡 간의 지방도
로를 25km 정도 달리면 니므룻(또는 님루드)의 위치를 알리는 안
내판과 함께 남쪽으로 갈라지는 시골 갈림길이 나타난다. 가을에
이 갈림길을 들어가다 보면 길가에 죽 늘어서 있는 키 작은 해바
라기와 도로변 해바라기 밭이 소피아 로렌의 영화 '해바라기'를
연상하게 한다.

갈림길에서 9km쯤 들어가면 도로에서 동쪽으로 100여 m 떨어
진 곳에 서양 광대의 고깔모자를 엎어 놓은 듯 솟아 있는 작은 산

니므룻의 옛 터

이 나타난다. 이 산이 바로 옛 니므롯의 지구라트 즉 신탑이고 지구라트 주변 일대가 옛 아시리아의 두번째 도읍이었던 니므롯이다. 니므롯은 메소포타미아에서 우르, 카파지와 함께 가장 많은 유물이 쏟아져 나온 유물의 보고라는 점에서 주목받는 유적지이기도 하다.

니므롯의 역사

니므롯(Nimrud)은 기원전 1274년에 왕이 된 아시리아의 제77대 왕 샬마네세르 1세가 칼루라고 불리는 신도시를 건설했던 곳이다. 구약성서에서는 칼루를 갈라로 기록하고 있다. 그러나 이 곳에서는 칼루 건설 훨씬 이전인 기원전 3천 년경부터 사람들이 모여 마을을 이루고 살았다.

그 뒤 기원전 885년에 즉위한 제101대 왕 앗수르나시르팔 2세는 칼루를 재건하고 후세에 아시리아 유물의 보고가 된 앗수르나시르팔 왕궁을 건축한 다음 왕도를 앗수르에서 칼루로 옮긴다. 이 때부터 칼루는 니므롯으로 바뀌어 불리게 되는데 신도시 칼루가 왜 갑자기 니므롯으로 이름이 바뀌게 되었는지는 기록된 것이 없다. 다만 구약성서의 기록에 노아의 손자 구스와 관련하여 다음과 같은 구절이 있어 힌트를 얻을 뿐이다. 구약성서에서는 니므롯을 니므롯으로 기록하고 있다.

구스가 니므롯을 낳았으니 그는 세상에 처음 영걸이라 그가 여호와 앞에서 특이한 사냥꾼이 되었으므로 속담에 이르기를 아무는 여호와 앞에 니므롯 같은 특이한 사냥꾼이로다 하더라 그의 땅은 시날 땅의 바벨과 에렉과 악갓과 갈레에서 시작되었으

> 며 그가 그 땅에서 앗수르로 나아가 니느웨와 르호보딜과 갈라
> 와 및 니느웨와 갈라 사이의 레센(이는 큰 성이라)을 건축하였
> 으며…… (창세기 10 : 7)

아마도 그 특별한 용사 니므롯이 칼루에 살았던지 하여 그의 이름을 따서 도시의 이름을 바꾸어 부르게 된 것이 아닌가 추측할 따름이다. 성경에서도 이 구절 이후로는 칼루를 니므롯으로 기록하고 있다.

위 구절 중 '큰 성 레센'에 관해서는 현재 알려진 것이 없다. 그러나 레센 성으로 추측되는 것이 없는 것은 아니다. 티그리스 강을 사이에 둔 니므롯 건너편 즉 모술 남쪽 28km 거리에 있는 시멘트 공장지대 함맘 알리에서 남쪽으로 2km 거리에 있는 산등성이에는 크기가 2×1.5×0.7m 규모의 큰 돌들이 높이 200m 가량의 산꼭대기에서 강변까지 흙 속에 묻힌 채 일부를 지표 밖으로 모습을 드러내고 죽 널려 있다. 돌의 생김새로 보면 영락없이 옛 성벽 축성에 사용된 것들이다. 즉 아주 오랜 옛날 이 곳에 견고한 성이 있었음을 말해 준다. 그러나 역사적으로는 이 곳에 어떤 성이 있었는지는 알려진 것이 없다. 어쩌면 이 성이 레센 성일지도 모른다. 위치도 구약성서의 기록에 근접한 지점이다.

니므롯의 지형은 사다리꼴 모양으로 그 주위에는 길이 8km의 성벽이 있었으며 인구는 6만 3천 명이었다. 지금은 강의 유로(流路)가 바뀌어 이 곳에서 서쪽으로 4km 물러가 있으나 옛날에는 티그리스 강이 니므롯 서쪽 성벽 즉 현재 니므롯 유적지 앞을 지나는 도로를 따라 흐르고 있었다. 따라서 서쪽 성벽에는 잘 다듬은 돌로 안벽(岸壁)이 쌓여 있었다.

니므롯 유적지 초입에 서 있는 17m 높이의 산봉우리는 본래 높

다량의 유물이
발굴된 니므룻
서북왕궁의 폐허

이 50m의 지구라트였다. 지구라트의 모양은 피라미드 꼴이었으며 그 네 변의 가장자리를 돌아가며 꼭대기까지 이르도록 계단이 놓여 있었다. 꼭대기에는 천문 관측과 도시 주위의 동정을 살필 수 있는 망대가 설치되어 있었다.

지구라트 앞에는 전쟁의 신 니누르타 신전의 폐허가 50여 평 남아 있다. 지구라트에서 마주 바라다보이는 곳에는 유적지의 본관격(本館格)인 서북왕궁이 마주하고 있다. 이 왕궁은 앗수르나시르팔 2세가 건축하여 살았기 때문에 그의 이름을 따서 앗수르나시르팔 왕궁이라고도 부른다.

동물신상(動物神像)과 부조

서북왕궁에는 정문이 동·서 양쪽에 두 군데 있는데, 자연스럽게 동문은 입구 전용으로, 서문은 출구 전용으로 사용된다. 각 출입문에는 무서운 동물신상이 지키고 있어 적이나 불순한 인물 그

서북왕궁 동문의
날개 달린 황소

리고 잡귀의 근접을 막고 왕궁을 호위하는 상징적 역할을 맡고 있
다.

먼저 동쪽 정문의 입구 쪽으로 가 보자. 이 곳에는 높이 4m의 날
개 달린 황소(飛牛神像) 석상이 호위하며 서 있다. 석상의 생김새
는 5개의 발을 가진 황소 몸체에 이제 막 비상하려는 듯 펼쳐진 매
의 날개, 그리고 흑심을 품고 들어오는 사람의 간담이 서늘하도록
두 눈을 부릅뜬 사람의 얼굴을 갖고 있다.

날개 황소상(飛牛神像)의 앞을 지나 출입문에 들어서면 이번에
는 문의 양쪽에 5개의 발을 가진 사자의 몸체에 매의 날개, 그리고
사람의 손과 얼굴을 갖고 있는 2.5m 크기의 사자 신상(神像)이 각
각 서 있다. 이것은 '라마소' 라고 부르는 전설 속의 동물이라 한
다.

이 왕궁 안의 조각상과 부조에 나타나는 사람과 동물은 대개 날
개를 갖고 있는데 이 날개는 이들의 신격 또는 신성(神性)을 나타
내는 것으로 생각된다. 비우신상과 '라마소' 는 이 곳 니므룻을 비

사자신 라마소

롯하여 코르시바드, 니네베 등 도읍의 주요 궁문과 성문에도 세워
져 있었다.

　동쪽 입구 날개황소 맞은편에는 높이 1.2m, 폭 1m, 두께 35cm
크기의 두터운 진흙 토비(土碑)가 서 있다. 이것은 고대 바빌로니
아 시대에 함무라비 법을 보조하는 성격의 지방법규를 기록한 것
으로 이 토비에는 태양과 정의의 신 샤마시를 상징하는 태양과 다
른 여러 신들을 상징하는 형상들이 새겨져 있어 비문에 새겨진 법
규가 샤마시를 비롯한 여러 신들에 의하여 인증된 정의임을 나타
내고 있다.

　서북왕궁 내부에는 두께 18cm, 높이 2.4m의 녹암색 대리석 부조
가 궁정 벽면을 쭉 돌아가며 세워져 있다. 이 많은 석판에 새겨진
부조에는 왕의 복색을 갖춘 천사들이 생명의 나무에 성수(聖水)를

왕궁 동편
내정(內廷)의 부조

역대 왕의 복색을
갖춘 신인(神人)이
풍요와 생명의
상징적인 열매를
수확하는 모습

뿌리는 형상을 하고 있고 형상이 새겨지고 남은 공간에는 깨알같이 많은 설형문자가 새겨져 있다. 설형문자만 가득 새겨진 석판도 많다. 여기서 부조의 형상은 왕국의 융성과 신의 은총을 기원하는 그들의 뜻을 나타내는 것이며 설형문자는 왕들의 치적을 기록한 것이라 한다.

1차대전 후 영국이 메소포타미아 지역을 장악하자 많은 영국인들이 니므룻을 발굴하여 유물들을 반출해 갔다. 그들은 벽면에 견고히 부착된 녹암석 대리석을 들어내는 과정에서 무리하게 반출을 시도하여 해머로 두들기거나 마음에 드는 부조를 떼어내기 위하여 옆의 부조를 부수는 등 만행을 자행했다고 한다. 이로 인하여 수천 년 간 니므룻 왕궁에 보존되어 있던 인류의 훌륭한 걸작품들이 대부분 손상을 입은 것은

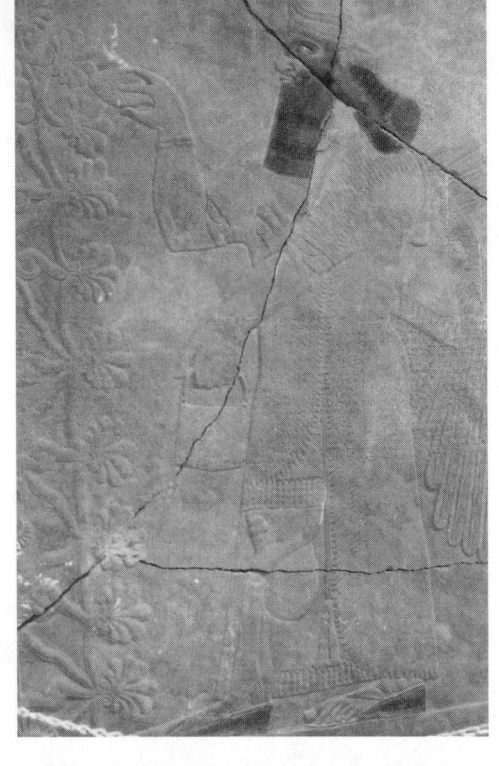

왕의 복색을 갖춘
신인이 한 손에
석류나무, 다른
손에 왕의 홀(笏)을
잡고 나오는 모습

참으로 유감스러운 일이 아닐 수 없다.

이 왕궁 뒤뜰에는 깊이 30m 가량의 궁중 우물이 3개나 있고 그 밑부분에는 아직도 물이 고여 있다. 이쪽 우물 밑에서도 귀중한 보물급 유물이 다수 인양되었다고 한다. 언젠가 니므룻에 들러 보니 먼저 온 영국인이 몇 명 있었다. 서로 지나치는 도중에 대화를 나누게 되자 나는 소위 영국인의 신사도(gentlemanship)의 실상에 대하여 다소 궁금해하던 터라 그 중 한 명에게 과연 영국에서는 아름다운 숙녀가 자기 앞에 서 있으면 좌석을 양보하는지 물었다. 그는 자신 있게 그렇다고 말했다. 매우 노쇠한 할머니가 앞에 서 있으면 어떻게 하느냐고 다시 물었다. 그는 씩 웃으며 고개를 돌려 창 밖을 바라본다고 했다. 왜 멀쩡한 젊은이에게는 자리를 양보하고, 허약한 노인에게는 자리를 양보하지 않느냐고 물으니 어깨를 으쓱하고는 돌아서 가 버린다.

니므룻의 발굴작업

니므룻에서는 서기 1845년부터 영국인들에 의하여 5, 6년 이상 계속되는 발굴작업이 여러 차례 있었다. 영국의 고고학자 맥스 맬

로원(Max Mallowan)도 1949년부터 9년
간에 걸쳐 발굴작업을 추진했었는데 이
때 추리소설 작가인 그의 아내 아가사
크리스티도 남편과 함께 니므룻 발굴작
업에 참여하고 뒤에 그 경험을 새로운
작품의 소재로 활용했다고 한다.

왕궁 우물에서
인양된 손바닥
크기의 상아 부조.
'니므룻의
모나리자' 라는
명칭이 붙어 있다.

　니므룻에서 발견된 유물들은 상아
부조가 주종을 이루는데 그 대표적인
것으로는 왕궁 우물에서 인양된 15cm
정도의 크기에 엷은 미소를 짓고 있는
여인의 부조 '니므룻의 모나리자' 와
'흑인을 덮치는 파피루스 초원의 사
자', '아시리아 왕의 황소사냥' 등이 있
고 주목할 만한 기록물로는 메디아 왕자와 아시리아의 에살핫돈
왕이 서명한 조약 기록판이 있다고 한다.

　1988년 니므룻에서는 또다시 고고학계를 흥분시킨 발견이 있었
다. 기원전 721년 사마리아 성을 함락시켜 이스라엘 왕국을 멸망
시킨 바 있는 아시리아 제110대 왕 사르곤 2세(기원전 722~705년)
의 왕비 야바야와 그 딸 탈리야 두 모녀가 함께 잠든 묘실이 지난
143년간 많은 발굴단이 수없이 반복해서 이잡듯 뒤지고 지나갔고
나 자신도 혹시 뭐라도 단서가 될 것이 없을까 하고 몇 차례나 주
의 깊게 살펴본 적이 있는 앗수르나시르팔 2세의 서북왕궁에 은밀
히 숨겨진 묘실에서 원형 그대로 발견된 것이다.

　사자(死者)의 관을 덮은 육중한 석판에는 다음과 같은 아시리아
의 설형문자가 새겨져 있었다.

해의 신(샤마시), 지하의 신(아누나키)의 이름으로 아시리아의
왕, 두르 사르킨의 왕인 사르곤의 왕궁 부인 나 야바야는 임종
을 맞아 내 아버지의 길을 따라 이 세상을 하직한다.

나는 지하의 신께 기원하노라. 누구든지 나의 관에 손을 대는
자, 나의 묘실을 여는 자는 그가 죽은 뒤 그 영혼이 태양의 불꽃
속을 영원히 헤맬지며, 꿀 포도주와 성식(聖食)으로 아누나키
와 닝기쉬짓다 신께서 사자(死者)에게 베푸는 성찬에 참여치
못할지라. 불면귀시여 그를 영원히 잠들지 못하게 하소서.

사르곤 왕의 치적을
기록하여 구운 점토
문서(코르시바드
등지 발견)

　　신장 170cm의 이 여인은 20kg의 황금패물과 장신구로 치장하고
5kg의 황금 귀걸이 100여 개 및 황금기물, 그 밖에 평소에 쓰던 황
금바늘, 손잡이에 보석을 박은 청동제 거울, 눈썹 검정용 연필과
털 뽑는 집게 등 화장도구도 저세상에서 계속 쓸 수 있도록 챙겨
갖고 있었다. 황금기물 중에는 이집트의 파라오들이 선물로 보내
온 것도 몇 개 있었고 관 주위에는 저 세상으로 가는 도중에 먹을
음식을 담은 항아리가 늘어서 있었다.

　　이렇게 하여 야바야 왕비는 제103대 샴쉬 아다드 왕의 왕비이자

104대 아다드 니라리 3세 왕의 섭정모후(攝政母后)인 삼무라마트
왕비, 산헤립 왕의 나키아 왕비에 이어 세번째로 후세에 이름이 알
려진 고대 아시리아 여성이 되었다.

15. 니네베와 그 주변

아시리아의 세번째 도읍 코르시바드

모술에서 니네베 서문 앞을 지나 북쪽으로 곧장 18km 거리를 달리면 도로를 따라 철조망이 넓은 구릉지대에 둘러쳐져 있고 그 안쪽에 지하 1m 깊이로 패인 채 방치되고 있는 옛 왕궁 터를 찾을 수 있다. 왕궁 터 넘어 멀리 둘러선 구릉에는 땅 속에 묻혀 있던 성채의 크고 작은 석재가 발굴되어 있다. 이 곳이 바로 아시리아의 사르곤 2세가 세번째로 도읍을 옮겨온 곳으로 그의 이름을 따서 명명한 도시 '두르 사르킨'이다. 현재는 코르시바드(Korsibad)로 불린다.

사르곤 왕은 두르 사르킨을 뻗어나가는 아시리아 제국의 영원히 번창하는 도읍으로 만들고자 하는 원대한 계획을 갖고 도시를 건설한 후 도읍을 옮겼다. 그러나 그는 이 곳으로 도읍을 옮긴 지 1년도 되지 않아 지금의 터키 아나톨리아의 신흥 시메리아 부족을 토벌하다가 기원전 705년 전사하고 말았다. 뒤이어 제111대 왕이 된 그의 아들 산헤립(Sennacherib)은 부왕에게 비운을 맞게 한 두르 사르킨을 떠나 니네베로 도읍을 옮겼다. 그리하여 두르 사르킨은 오래도록 돌보는 사람도 없이 폐허로 버려지게 되었다.

이 곳에서는 2차 세계대전 후에 훌륭한 동물신상과 대리석 부조가 발굴되었는데 그 규모는 니므룻의 그것보다 훨씬 더 큰 것이어서 바그다드와 영국의 주요 박물관에 전시된 대형 조각상 중에는 이 곳에서 옮겨진 것이 많다고 한다.

(위)아시리아 궁병대
(아래)코르시바드의 폐허

바그다드 박물관에 전시되고 있는 초대형 날개황소의 신상과 사자신 '라마소'도 이 곳에서 출토된 것이다. 코르시바드에는 현재 용도를 알 수 없는 작은 석조물 몇 개가 옛 왕궁 터를 지키고 있다.

아시리아의 네번째 도읍 니네베

니네베(Nineveh)의 기원은 선사시대인 기원전 6천 년 이전부터 시작된다. 본래 니네베란 지명도 토착 수메르 인들이 붙인 것이라고 한다. 산헤립은 이 곳으로 도읍을 옮긴 후 니네베를 지상의 낙원으로 만들고자 했다.

그래서 먼저 인공호수를 파서 지금은 2km 남쪽으로 물길이 옮겨진 성벽 앞 티그리스 강물을 끌어들이게 했고, 이 물로 성 안을 적셔 들판과 정원을 항상 푸르고 아름답게 가꾸도록 했으며, 퇴락된 도시 곳곳을 새롭게 수축하고 방이 71개나 되는 자신의 왕궁도 건축했다.

그리고 니네베 주위에 길이 12km의 성을 쌓았는데 이 성의 구조는 잘 다듬은 돌을 성벽 바깥면에 쌓고 안쪽에 진흙 벽돌을 폭 15~45m로 받쳐 쌓아올린 것이었다. 성 위로는 성첩을 따라 통로

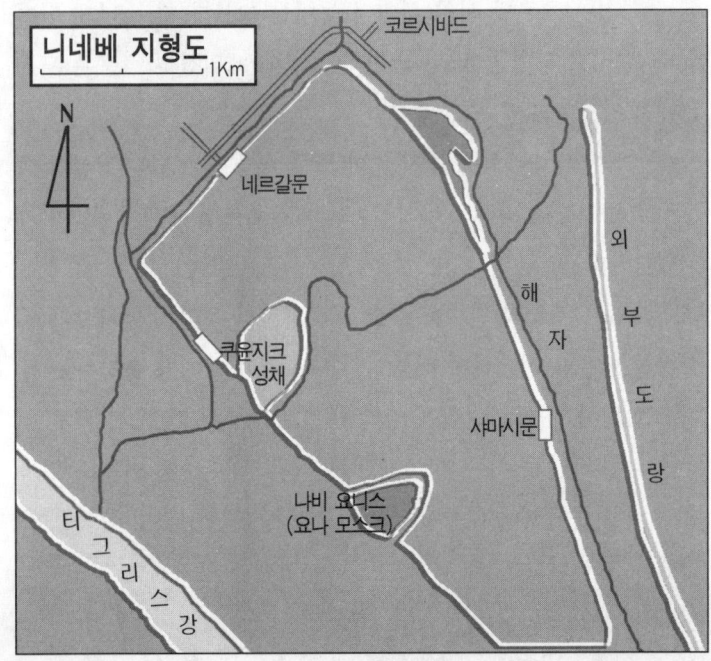

니네베 지형도

니네베 남문

를 만들었고 이 통로를 따라 도시 주위를 한 바퀴 돌 수 있었다. 성의 높이는 위치에 따라 차이를 두어 평지에 세워진 동쪽과 북쪽 성벽의 높이는 10여 m에 이르나 티그리스 강이 앞을 막고 있는 남쪽과 하천이 흐르던 서쪽 성벽의 높이는 그보다 다소 낮게 되어 있다. 그리고 성벽을 따라 8m마다 성탑이 세워졌고 성문은 모두 15개가 있었다고 한다.

이리하여 니네베는 오래지 않아 인구 12만 명이 넘는 당시의 대도시로 발전했고 최강국 아시리아의 도읍으로서 세계의 중심지가 되었다.

산헤립은 부왕의 원수를 갚고 천하평정의 유업을 마치고자 원정군을 이끌고 진군하여 터키의 아나톨리아 일대를 평정하고 돌아오는 길에 지중해 연안을 따라 내려오면서 사르곤 2세 사후 조공을 바치지 않는 시돈, 타이레, 아쉬켈론 등 지중해 연안의 도시를 재차 복속시키며 예루살렘에 이르러 성을 포위하고 공격을 시작했다. 그러나 진중의 역병으로 예루살렘을 포기하고 철군하여 니네베로 돌아왔다.

구약성서에는 당시의 상황을 다음과 같이 기록하고 있다.

> 히스기야 왕 14년에 앗수르 왕 산헤립이 올라와서 유다의 모든
> 견고한 성읍을 쳐서 취하매 유다 왕 히스기야가 라기스를 보내
> 어 앗수르 왕에게 이르되 내가 범죄하였나이다 나를 떠나 돌아
> 가소서 왕이 내게 지우시는 것을 내가 당하리이다 하였더니 앗
> 수르 왕이 곧 은 300달란트와 금 300달란트를 정하여 유다 왕
> 히스기야로 내게 한지라. 히스기야가 이에 여호와의 전과 왕궁
> 곳간에 있는 은을 다 주었고 또 그 때에 유다 왕 히스기야가 여
> 호와의 전문(殿門)의 금과 자기가 모든 기둥에 입힌 금을 벗겨
> 모두 앗수르 왕에게 주었더라. 앗수르 왕이 다르단과 랍사리스
> 와 랍사게로 대군을 거느리고 라기스로부터 예루살렘으로 가
> 서 히스기야 왕을 치게 하매 저희가 예루살렘으로 올라가니라.
> ……이 밤에 여호와의 사자가 나와서 앗수르 진에서 군사 십팔
> 만 오천을 친지라 아침에 일찍이 일어나 보니 다 송장이 되었
> 더라.…… (열왕기 하 18 : 13, 19 : 35)

산헤립 왕에게는 시리아의 아람 사람인 왕비 나키아 소생의 에
살핫돈이란 출중한 왕자가 있었다. 자연히 산헤립 왕은 에살핫돈
을 총애하게 되었고 나중에는 그의 다른 형들을 제쳐두고 그를 태
자로 삼았다.

이렇게 되자 다른 형들에게 불만이 없을 리 없었다. 그리하여
그 중 한 명이 음모를 꾸몄다. 그리고 그 음모는 에살핫돈이 아르
메니아 산악지대의 반란을 진압하기 위하여 원정중에 있을 때 행
동으로 옮겨져 기원전 681년 산헤립은 그의 자식과 그 일당인 궁
정관리들의 칼을 맞고 쓰러졌다. 급보에 접한 에살핫돈은 서둘러

돌아와 반란을 평정하고 왕위에 오른다.

당시의 상황에 대하여 구약성서는 또 다음과 같은 기록을 남기고 있다.

> 앗수르 왕 산헤립이 떠나 돌아가서 니느웨에 거하더니 그 신
> (臣) 니스록의 묘에 경배할 때에 아드람멜렉과 사레셀이 저를
> 칼로 쳐 죽이고 아라삿 땅으로 도망하매 그 아들 에살핫돈이
> 대신하여 왕이 되니라.······ (열왕기 하 19 : 36)

왕위에 오른 에살핫돈은 부왕의 기대에 어긋나지 않게 국력을 강화하고 이집트를 정복하여 아시리아의 판도를 더욱 확장한다.

그 후 멀리 이집트의 반란을 진압하고 오랫동안 견원지간이었던 엘람을 불태움으로써 아시리아의 극성기를 이룬 제113대 왕 앗수르바니팔(기원전 669~629년)이 숨지자 니네베는 권력 암투의 소용돌이에 휘말리고 아시리아의 운명은 급전직하로 추락하기 시작했다.

이 때에 신흥 칼데아 왕국과 메데 제국, 즉 옛 통일제국 메디아는 협정을 맺고 연합하여 아시리아를 남북에서 협공하여 이윽고 니네베를 포위했다. 다급해진 아시리아는 각처의 속국들에게 지원군 파병을 요구하는 급보를 띄웠으나 어디에서도 응답은 없었다. 그리하여 기원전 612년 두 차례의 군부 쿠데타로 휘청거리던 니네베는 신바빌로니아와 메디아의 연합군에 의하여 함락된다. 지금도 니네베 성 서문 주변의 검게 그을린 성첩을 바라보고 있노라면 2,600년 전 이 곳에서 있었던 필사적인 격전의 모습이 보이는 듯하다.

니네베 함락 후 아시리아의 영토는 니네베를 중심으로 하여 북

검게 그을린 니네베
서문과 성첩

쪽은 메디아, 남쪽은 신바빌로니아 왕국에 의하여 각각 분할된다. 지금도 니네베 성 이북 지역에는 메디아의 후예인 쿠르드 인들이 많이 거주하며 이들 쿠르드 인과 칼데아 인의 우호관계는 지금까지도 지속되고 있다.

니네베 함락 후 아시리아의 유민들은 시리아의 하란으로 도주하여 앗수르 우발리트를 왕으로 세워 6년간 잔명을 유지했으나 뒤쫓아간 바빌론의 칼데아 태자 느부갓네살에 의하여 기원전 609년 그 최후를 맞게 된다.

한편 아시리아에 충성을 다하던 이집트의 파라오 느고(Necho)는 위기에 처한 아시리아의 구원 요청을 받고서도 팔짱을 끼고 있다가 아시리아가 패망하자 지중해 연안의 아시리아 옛 정복지를 차지하고자 기원전 605년 군대를 이끌고 출정의 길에 나선다. 그는 유대 왕국에 들어가 그 왕 요시야를 죽이고 지중해 연안의 여러 도시국가들의 항복을 받으며 베이루트에 당도하여 인근 강변 절벽 바위에 승전기록을 새겨 넣기도 했다. 그러나 그의 군대는 유프라테스 강가의 칼케미쉬에서 칼데아의 태자 느부갓네살이 이끄는 신바빌로니아의 군대를 만나 참담한 패배를 당하고 회군하게 된다. 구약성서 열왕기 하편과 역대 하편의 끝 부분에는 당시 상황의 한 단면이 기록되어 있다.

이스라엘의 사도 요나의 모스크

구약성서 요나서에 의하면 니네베 성중이 매우 타락하므로 여호와께서 선지자 요나를 보내어 경고를 전달하도록 했다. 이에 요나는 마지못하여 니네베 성중에 들어가 여호와의 교시에 따라 40일이 지나면 니네베가 무너진다고 외치며 다녔다. 그러자 12만 니네베 주민들이 하나님을 믿고 금식을 선포하며 무론대소하고 굵은 베를 입은지라 여호와께서 이를 감찰하사 재앙을 유예했다(요나 12장).

사태가 이렇게 되자 이스라엘 왕국을 멸망시키고 유대 왕국의

요나 모스크

예루살렘을 수시로 위협하던 아시리아 인에 대한 증오심이 가시
지 않은 요나는 상심한 나머지 니네베 동문 앞 언덕 위에 움막을
짓고 앉아 날마다 이제나 저제나 니네베에 재앙이 내려 성 안의
모두가 멸망하기를 고대하며 성중을 굽어보다가 죽었다. 그러자
사람들은 그가 앉아 있던 자리에 무덤을 만들어 주었고 그 후 이
언덕은 요나의 이름을 따서 '나비 요니스'라는 이름이 붙여졌다.
이슬람 시대에 이르러 그의 무덤 자리에는 회교사원 '나비 요니스
모스크'가 건립되어 지금까지 그의 시신을 극진히 모시고 있는데
효험이 어떤지는 몰라도 이 곳에서는 매일 많은 사람들이 몰려와
소원을 빌며 기도하는 모습을 항상 볼 수 있다.

모술의 아타벡 왕국

모술은 바그다드, 바스라와 함께 이라크 3대도시의 하나로 바그
다드에서는 북쪽으로 400km, 터키 국경에서는 남쪽으로 117km 떨
어져 있는 북부지역 중심지이다. 니네베 성도 모술 시의 관할구역
에 들어 있다. 모술의 중심부에는 티그리스 강이 도시를 남북으로
가르며 동쪽으로 흐른다. 이 강의 북쪽 2km 떨어진 곳에 니네베
성이 있고 남쪽으로는 모술 시가지가 뻗어 있다. 모술 서쪽 상류
강변에는 울창한 숲이 우거진 삼림공원이 펼쳐져 있어 시민들의
휴식 장소로 애용된다.

강북의 니네베와는 달리 강남은 중세에 이마드 우딘 장기(Imad-
Uddin Zangi)라는 인물이 일단의 터키 인들을 이끌고 이 곳에 와
아타벡(Atabeg : 1127~1261년) 왕국을 세움으로써 현재의 도시를
형성하게 된다. 아타벡이란 셀주크 터키의 태부 즉 왕자들의 교육

모술

을 맡은 관직의 명칭으로서 장기의 조부가 셀주크 터키에서 아타 벡 관직을 지낸 까닭에 그의 가문이 얻은 별칭이라 한다.

아타벡 왕국을 세운 터키 인들은 셀주크 터키의 토벌군에 대비 하여 남쪽 강변에 성채를 쌓았으며 북쪽 산간지대의 아마디아 마 을 주위에 아마디아 고성으로 알려진 장기 성을 쌓기도 했다.

이 왕조 말엽에 제7대 왕인 알 카힐은 국무대신 루루에게 왕자 4명의 태부직을 맡겼다. 그러나 왕이 죽자 루루는 왕족들을 연금 시키고 스스로 왕이 되었다. 그리고 터키와 바그다드의 아바스 왕 가 양쪽에 사람을 보내어 로비를 벌인 결과 아바스 왕의 반대 청 원에도 불구하고 셀주크 황제로부터 '모술의 왕'이란 칭호를 받 았으며 아타벡 왕국은 셀주크 황제의 직접통치를 받는 아바스 왕 국의 분국으로 승인받았다.

국권에 관하여 한시름 놓은 루루는 건축 사업에 애착을 갖고 그 후 많은 건물을 건축했다고 한다. 그러나 아타벡 왕국은 그가 죽은 지 3년 후인 서기 1261년 몽골의 침략을 받아 멸망한다.

1) 모술 박물관

티그리스 강의 동쪽 하류에서 두번째 교량을 타고 강남 시가지로 건너오면서 바로 만나는 로터리의 남동쪽에는 2층 건물의 모술 박물관이 있다. 이 박물관에서는 니므룻·니네베·하트라 등지에서 출토된 유물 중에서 영국과 바그다드 박물관이 차지한 나머지의 지방 문화재급 유물들이 전시되고 있다.

2) 알 하드바 미나레트

강남의 모술 시내에 있는 알 누릿 모스크라는 회교사원의 후원에는 알 하드바로 불리는 회교 신탑이 서 있다. 몸체가 가늘고 길쭉한 이 신탑은 중기 아타벡 시대인 서기 1172년에 누리던 장기라는 사람이 건축했다고 하며 높이 52m의 벽돌구조로서 겉면에 정교한 무늬가 양각되어 있고 더위에 녹은 엿가락처럼 비틀린 채 휘어져 있는 것이 특색이다. 하드바란 휘어진 것을 뜻한다고 한다.

높이 52m의
알 하드바 미나레트

이 미나레트는 우리의 1만 원에 해당하는 이라크의 10디나르 권 지폐의 겉면 도안으로 사용된다.

3) 바쉬 타피아 성채

모술 시내의 강 상류 서쪽 교량을 건너다 보면 티그리스 남쪽 강변 절벽 위에서 강북을 바라보며 마치 난공불락의 요새 위에 서 있는 파수대 같은 것이 있는데 이것이 바쉬 타피아 성채이다. 이 성채는 아타벡 초기에 건설된 것이나 주민들이 주택 건축자재로 뜯어가 대부분 멸실 또는 훼손되고 사람들의 발길이 닿기 어려운 절벽 근처 부분만 겨우 그 모습을 유지하고 있다. 그나마 절벽 위의 성채도 벽체에 틈이 벌어져 멀리서 본 바와는 다르게 허약한 상태에 있다.

바쉬 타피아 성채 밑에는 루루가 건축한 그의 카라 세라이(검은 왕궁)가 대부분 도로에 잘려 나가고 일부 궁실만 남아 강을 등지고 서 있는 모습을 볼 수 있다.

16. 실크로드의 교역도시 하트라

하트라 유적지

바그다드에서 북쪽 1번 국도를 따라 315km를 달리면 도로변에 주유소와 간이 화물차 휴게소가 있고 여기에서 유턴하여 서쪽 도로로 들어가 얕은 구릉과 황야를 27km 달리면 '헷다르(Hedhar)'라고도 불리는 하트라(Hatra) 유적지에 닿게 된다.

도로 주변에는 한국의 초가집과 겉모양이 매우 흡사한 토가(土家)집들이 몇 채 늘어서 있다. 이 토가집들은 벽은 물론이요 지붕도 황토 흙을 이엉처럼 두툼하게 얹어 발랐는데 겨울철 우기에 지붕이 씻겨 내리지 않을까 걱정되기도 한다.

하트라 인근 농가의
토가(土家)집

복원공사가
진행중인 하트라
유적지

　하트라는 기원전 1세기에서 서기 3세기에 이르기까지 메소포타
미아 북부를 지나는 실크로드의 교역도시였다. 페르시아에서 넘
어온 동양 문물을 받아 지중해로 전하고 지중해와 시리아에서 가
져온 서양 문물을 페르시아 상인에 넘기는 중개무역이 이 도시의
역할이었다. 그 과정에서 하트라는 엄청난 부를 축적하며 강력한
상업 도시국가로 발전한 것이다.

　하트라 유적지 성벽이 가깝게 보이는 지점에 이르니 아마도 관
광당국이 건립한 듯 호텔로 보이는 허름한 4, 5층 건물이 도로 저
편에 외로이 서 있다.

　유적지 안에 들어서면 방문객은 조금 어리둥절하게 된다. 돌무
더기의 폐허로 뒤덮인 들판을 넘어 1km 저편에 영락없이 파르테
논 신전을 빼어 닮은 그리스 식 건축물이 들어앉아 있기 때문이다.
파르테논 신전이 웬일로 이토록 먼 사막까지 왕림해 있을까 하는
생각을 하며 다가가니, 과연 모양과 규모에서 그 보다 작은 것이
뚜렷이 드러난다. 바로 성부(聖父)를 뜻하는 미란 또는 미른을 위

한 신전이다. 이 신전 앞에 잠시 서 있자니 두 유럽인 부부가 걸어 온다. 그들은 독일인이었다. 다소 여윈 편에 이마가 벗겨지고 검은 안경을 쓴 40대 초반의 남자는 고등학교 역사 담당 교사 타입이다. 그보다 30m쯤 뒤에 떨어져서 주위에 관심이 없는 듯 애써 신전 건 물에 시선을 주지 않고 느릿느릿 따라오는 여자는 껑충한 키에 대 장간 화부(火夫) 타입이다. 외견상 두 사람이 떨어진 거리는 30m 에 불과하지만 내면상의 거리는 백리도 더 떨어진 듯 싶었다. 남들

기원 초에 세워진
하트라의 미란 신전

은 멋있는 칸 느 해변이나 남부 프랑스 해변에서 여름 휴가를 즐기는 데 비싼 돈을 들여서 뜨거운 모래바람이 몰 아치는 사막의 돌무더기 속으 로 끌고 오다 니 여자 쪽의 불만이 한 눈에 읽힌다. 게다가 열악한 숙박시설, 입에 맞지 않는 음식, 교통문제 등의 어려움이 부인의 심사를 불편하게 한 것이다. 남자 쪽에 수인사를 건네며 셔터 한 번 눌러 줄 것을 부탁했다. 나 중에 인화된 사진을 보니 완벽한 화면의 구도와 정확한 수평 감각 이 독일인 전문가 수준의 솜씨를 보여준다.

하트라의 신전은 지리적·시대적 영향을 받아 토착 아시리아 식과 함께 그리스의 헬레니즘 양식 그리고 로마 식이 혼합된 것이

라 한다. 신앙
은 기독교와
메소포타미
아의 혼합식
이요 신전 건
축양식도 역
시 혼합식이
다.

신전 성내의
본전건물인 태양의
신 샤마시 신전

하 트 라 의
도시 모양은
주위 6km, 직경 2km의 원형 도시로서 그 외곽에는 길이 8km의 토
성이 있었고 안쪽에 길이 6km의 내성이 있었는데 내성의 구조는
잘 다듬은 돌로 높이 2m의 기초를 쌓고 그 위에 벽돌을 쌓은 것이

하트라 왕의 입상

었다. 내성 안쪽의 도시 중심부에는 현재
복원공사가 거의 마무리 단계에 와 있는
길이 1.5km의 석조 신전성(神殿城)이 신
전 주위를 둘러싸고 있다. 왕궁은 신전만
큼 대접을 받지 못하여 신전성 밖 북쪽에
자리잡고 있다.

벽돌과 진흙을 일반적으로 사용하던
이 지역에서 하트라의 신전과 도처의 석
조건물, 사치스러운 조각물은 풍부한 재
력과 번창했던 하트라의 경제력을 말해
줌과 동시에 당시 이 도시를 거쳤던 동서
교역의 물량이 얼마나 많았으며 거기에서
얼마나 많은 이윤이 떨어졌는지 짐작하게

사나트룩 1세의
왕비 아부 빈트
다미온의 석상.
뒤에 보이는 건물은
성모 샤히로의 신전

서기 138년에
건립된 사나트룩
1세의 공주
도쉬파리의
입주상(立柱像)

해 준다.

옛날 많은 하트라의 남자들은 페르시아에서 온 물건을 넘겨받아 지중해 연안 도시로 운반해 가서 이윤을 붙여 넘기고 다시 서양 물건을 싣고 와 페르시아 상인에게 파는 캐러밴을 생업으로 삼았다. 그들은 상품을 싣고 오랜 여행을 떠날 때 성문 밖 개울을 지나면서 개울가의 덤불 숲에서 자신만 아는 나뭇가지를 골라서 매듭을 지어 놓고 가는 풍습이 있었다. 그것으로 그들은 자신이 아내의 허리띠를 묶어 놓고 떠나는 것으로 믿었다.

그리고 여행을 마치고 돌아오는 길에 제각기 자신이 전에 묶어 놓은 나무줄기의 매듭을 살펴본다. 그리하여 매듭이 처음 그대로 묶여 있으면 자신이 집을 비운 사이에 아내가 처신을 정숙히 한 것으로 알고 안도하는 마음으로 기뻐하며, 매듭이 풀려 있으면 아내가 외간 남자 앞에 허리띠를 풀고 정분을 나눈 것으로 생각하여 실망하였다고 한다.

이방인들이 북적거렸을 옛 유적지의 깊은 창고에 숨어 있는 육감적이고 사치스러운 여인들의 조각상을 바라보니 옛 하트라 남자들의 우려에 대하여 전혀 이해가 안 가는 것도 아니다.

하트라의 역사

하트라의 주민은 아시리아와 바빌로니아 시대에는 메소포타미아에 발도 붙이지 못했던 아랍 인이었다. 메소포타미아의 토착 강국들이 사라지고 먼 이국의 그리스 인들이 이 지역을 차지하자 아랍 인들이 드넓은 이 곳 북부 타르타르 평원에 아무런 제약없이 몰려와 살기 시작했다. 그리하여 그리스 인들의 지배 말기인 기원전 150년경에는 도시가 형성되었고 이 주변은 아랍 인 거주지역이란 뜻으로 '아라바야'로 불렸다.

기원전 50년경부터는 몇 명의 실력자가 나타나 이 도시를 통치하기 시작했는데 그 중에서도 신전의 사제는 그의 영향력으로 말미암아 자연스럽게 실력자가 되었고 다시 통치자가 되어 주인을 뜻하는 '마리아'로 불렸다.

서기 150년경 역대 통치자 중 가장 강력한 권력을 행사했던 사제 나스르를 대신하여 국정을 처리하던 그의 아들 라자쉬가 국호를 '아랍 왕국'이라 칭하고 스스로 왕위에 올랐다. 그리하여 하트

주 신전인 샤마시
신전 출입문 아치에
새겨진 여러 형상들

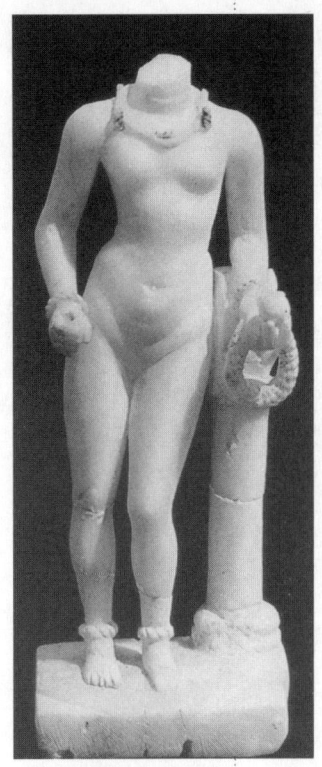

사랑과 미의 여신
아프로디테의
그리스 조각을 본뜬
2세기경 로마의
조각품(하트라
출토)

라에는 그 운명을 다할 때까지 90년간 계속되는 세습왕
정이 수립됐다. 그리고 이 때가 하트라의 전성시대였다.
라자쉬의 뒤를 이은 동생 사나트룩 1세 때에는 하트라
에서 주화가 주조되었는데 겉면에는 태양신의 상징인
독수리와 '태양의 도시 하트라'라는 글자가 새겨졌고
다른 면에는 태양신의 초상이 새겨졌다.

이 시기는 또한 로마와 페르시아가 소아시아의 패권
을 놓고 치열한 세력전을 전개하던 시기였다. 하트라는
먼저 여러 차례에 걸친 로마군의 공격을 받았으나 견고
한 성벽과, 발달된 투석기 그리고 석유를 사용한 신 전
술로 대항하여 끈질기게 달려드는 로마군을 그 때마다
격퇴시켰다.

사나트룩 1세의 뒤를 이어 왕이 된 그의 아들 압드
사미아가 10
년 후에 죽
은 후, 왕위
에 오른 그 동생 사나
트룩 2세 때인 서기
238년 하트라의 군대
는 300km 떨어진 술레
마니아 고원의 샤라죠
르 평원에서 페르시아
의 사산 군대를 맞아
격전 끝에 적을 대파했
다. 이에 사나트룩 2세
의 기세는 더욱 높아져

하트라 인의
물항아리

스스로 '아랍의 승전 왕'을 자처했다. 그러나 새로이 왕위에 오른 사산의 왕 샤푸르 1세는 2년 후 보복전을 일으켜 하트라를 공격했다. 이들은 1년간 하트라를 포위하여 공격을 계속했다. 외부로부터 고립된 채 저항을 계속하던 하트라는 식량과 무기가 떨어지자 결국 서기 241년 4월 1일 항복할 수밖에 없었다. 그리하여 하트라의 성곽과 도시는 사산 군대에 의하여 파괴되어 폐허로 버려졌고, 모든 재물은 전리품으로 노획되었으며 전 주민은 어린 자식들과 함께 노예와 포로로 끌려갔다.

당시 하트라처럼 캐러밴 루트의 거점을 중심으로 번성했던 중개 상업도시로는 남부 요르단의 페트라, 북부 시리아 사막의 파밀라가 또 있었다. 그러나 이들 도시 역시 강력한 로마군의 제물이 되었다. 먼저 페트라가 서기 106년 로마에 정복되었다.

뒤늦게 국세를 떨친 파밀라에는 아름다운 미색과 용감한 기개로 당시 세계에 평판이 자자했던 제노비아 여왕이 로마와 페르시아가 천하의 패권을 다투는 틈에서 로마와 사산 제국을 상대로 치열한 공방전을 지속하는 한편, 터키에서 이집트의 알렉산드리아에 이르는 영토를 확장하고 있었다. 그러나 파밀라에도 비운이 닥쳐왔다. 로마의 총공격을 받은 파밀라는 두 차례의 대규모 결전에서 참패하고 서기 272년 수도 파밀라가 포위 끝에 함락됨으로써 결국 제노비아 여왕도 로마군의 포로로 끌려가는 신세가 되었다.

하트라의 삼위신(三位神)

하트라는 주위 여러 문화 간의 교류가 일상화되었던 관계로 그 신앙도 메소포타미아 전래의 신과 외래의 신이 합쳐진 독특한 모습을 가졌다. 즉 이 도시에서는 기독교의 영향을 받은 성부·성모·성자의 삼위신이 있고 그 밖에 다른 역할을 하는 여러 신들이 있다.

삼위신 중에 성부(聖父)는 독수리로 상징되는 태양신이며, 성모(聖母)는 샛별 또는 금성으로 표시되는 샤히로 여신으로 이 여신은 알라투, 아트라타, 마르틴 등 여러 가지 다른 이름을 갖고 있었다. 그리고 전사 네르굴 신은 아시리아와 바빌로니아 시대에 걸쳐 지하세계의 신으로 받들어졌던 네르갈(Nergal)에서 유래하는 신으로 그 역할은 성자(聖子)였고 그의 별은 화성이었다.

17. 북부의 오랜 교회들

고대 아시리아가 메소포타미아를 비롯하여 소아시아 일대를 장악했던 융성기의 아시리아 왕 사르곤 2세는 이스라엘 왕국을 멸망시킨 후에 점령지 주민들이 독립운동을 벌이지 못하도록 하기 위한 전통적인 정복지 주민 이주정책에 따라 이스라엘의 도읍 사마리아와 그 인근 여러 고을의 유대인들을 니므룻 인근 북부지역을 비롯하여 시리아, 남부 터키, 북부 페르시아, 바빌론 등지에 분산 이주시킨 바 있었다.

비근한 예로서는 20세기에 들어와서 스탈린이 연해주에 거주하던 조선인들의 장래 분리독립 또는 한국과의 통합 움직임을 사전에 차단하기 위하여 어두운 겨울 밤 깊이 잠든 조선인들을 끌어내가축화차에 처넣듯 싣고 가서 중앙아시아 여러 곳에 나누어 내동댕이친 경우를 생각하면 쉽게 이해될 것이다.

이렇게 북부 메소포타미아 각처에 퍼진 유대인들은 여호와의 종교를 지키며 이웃들에 그 씨를 심었고 그 뒤에 그리스도교가 전파되자 콘스탄티노플을 중심으로 한 그리스 정교의 영향을 받아들여 이 지역 여호와의 전당은 자연스럽게 교회로 개축되었고 교회세력은 이를 중심으로 크게 번져 나갔다.

그 후 중세에 들어와 이슬람 세력이 서남 아시아를 차지함으로

써 많은 교회가 다시 문을 닫게 되는 중에도 몇몇 유서 깊은 교회
는 속세의 흐름 속에서 자신들의 신앙을 지키고자 노력했다. 그러
나 이러한 노력도 무위로 돌아가서 근래 새로이 서구 개신교와 천
주교가 밀려 들어오면서 이들 교회를 찾는 신도의 발길도 끊어져
이제는 겨우 여행객들을 위한 순례명소로서 명맥을 유지하고 있
는 형편이다.

성 벤함 교회(키디르 엘리아스)

모술과 키르쿡을 잇는 도로상에 있는 니므룻 진입로에서 키르
쿡 방향인 남쪽으로 2km를 가다보면 도로 북쪽으로 200여 m쯤 떨
어진 곳에 서 있는 작은 마을의 교회건물을 볼 수 있다. 근래 개축
된 이 건물은 종래에 키디르 엘리아스라고 불리던 성(聖) 벤함 교
회로서 12세기에 건축된 것으로 알려져 있으나 그 역사는 멀리 아
시리아 시대까지 올라간다.

옛날 니므룻의 한 왕자가 유대인 포로들의 신앙에 심취하여 그
신 여호와 섬기는 일을 게을리하지 않았다. 결국 이 소식은 왕에게
알려지고 그는 왕으로부터 심한 질책과 함께 이방인들의 사교(邪
敎)에 접하지 않도록 명령받는다.

그러나 그는 왕명을 무시하고 이후에도 유대인의 종교의식에
참여하다가 발각되어 이 곳에서 그의 일가족과 함께 참수된다. 그
리고 그들의 잘린 머리는 구덩이 속에 처넣어졌다. 그 후 그 자리
에 교회가 세워져 여호와를 믿는 사람들이 모여 예배를 보거나 개
인적인 기원을 호소하는 기도원이 되었으며 건물은 오랜 세월이
흐르면서 개축과 증축이 거듭되어 왔다.

이 교회의 내부는 출입문의 문틀이 인근지역의 다른 오랜 건물처럼 아치형으로 되어 있지 않고 굵은 목제 직사각형인데다 문틀 윗부분에 굵은 고드름처럼 특이한 장식을 드리우고 있다. 교회의 내부로 들어가 중앙홀에 들어섰다. 정면 중앙에 갑옷 차림의 말 탄 병사가 군중을 짓밟으며 달려드는 부조가 걸려 있다. 부조에 새겨진 사람들은 서로 먼저 그 곳을 벗어나려고 아우성친다. 공중에는 한 점 구름이 있어 그 위에서 천사가 무리를 향하여 팔을 내밀고 사람들은 그 팔을 잡고 구름 위로 오른다.

옛날 이 곳 사람들은 이 부조에 손을 대고 어루만지며 기도를 했는가 보다. 얼마나 많은 사람들이 무슨 소원을 말하며 기도를 했을까. 부조는 거의 모두 닳아 버려 그 형상을 분간하기 어렵다.

그래서 부조는 이제 사람의 손이 닿지 않을 벽면의 보다 높은 위치로 옮겨져 있다.

중앙홀을 나와 아시리아의 옛 니므룻 왕자가 참수된 장소로 향했다. 오랫동안 건물을 짓고, 무너진 후 다시 그 위에 짓기를 수없이 반복하여 그 동안 지표면이 상승된 까닭에 당시의 참수 형장은 지하에 묻혀 있다. 길이가 40m는 됨직한 지하통로를 따라가니 10평 규모의 둥근 지하홀에 닿는다.

지하홀의 바닥면 중앙에는 하수도 맨홀이 있고 뚜껑이 덮여 있다. 니므룻 왕자의 일가족을 참수했을 때 잘린 머리를 처넣었던 구덩이라 한다. 그리고 그 머리는 지금도 그 곳에 보관되어 있다는 것이다. 홀 정면 벽면에는 연설대 모양의 기도대가 있다.

기도대에는 두께 6, 7cm의 큼직한 대리석판이 있고 옛 십자문장이 깊게 새겨져 있다. 얼마나 많은 사람들이 이 자리에 서서 기도를 했는지 석판의 십자문장은 오랜 세월 사람들의 수없이 많은 손길에 닳아서 움푹 패인 채 아예 형상조차 알아볼 수 없다.

은둔의 소읍 카라코쉬와 알 코쉬의 교회들

니므룻 진입로에서 북쪽 모술 방향으로 1km 떨어진 지점에는 작은 구릉을 넘어 동쪽으로 갈라지는 갈림길이 있다. 도로 옆에 서 있는 표지판에는 이 갈림길이 '함다니아' 진입로임을 알린다.

이라크의 북쪽지역 지명은 대개 쿠르드 어로 되어 있고 곳에 따라 터키 어, 고대 시리아 어로 되어 있는 곳도 있다. 그리고 이들 지명의 일부는 80년대 후반에 이르러 아랍어로 개칭되고 있는데 이 곳 함다니아가 바로 그 경우에 해당된다.

갈림길을 따라 도로변 언덕을 넘어서면 다시 평원지대가 펼쳐지고 3km 저편에 아랍어로 함다니아라 불리는 작은 읍 규모의 타운 카라코쉬(Qara Qosh)가 시야에 들어온다. 이 마을에는 회교사원이 한두 개인 반면 기독교 쪽에는 그리스 정교, 천주교, 개신교 등 각기 다른 교파의 교회가 10여 개나 된다.

카라코쉬 마을로 들어가 100평 규모의 마당이 있고 돌덩이를 쌓아 지은 큼직한 그리스 정교 건물을 찾았다. 문이 잠긴 채 인적이

카라코쉬의 오랜
교회

없어 높직한 담장을 타고 넘어 들어갔
다. 전등을 켜니 정면 중앙 교단 위에
세워진 두터운 사각형 문틀이 먼저 시
야에 들어온다. 문틀에는 알 수 없는
문자가 빽빽이 새겨져 있다. 아시리아
문자도 아니고 아랍어는 더욱 아니다.
나중에 알아보니 고대 시리아 문자라
고 했다. 어째서 고대 시리아 문자가
여기에 새겨져 있는지는 알 수 없는 일
이다. 교단 앞 작은 탁자에는 아마도
옛 성경으로 보이는 두터운 천자문 모
양의 책이 펼쳐져 있고 실내에는 50여
개의 의자가 먼지에 쌓여 있다.

고대 시리아 문자가
가득 새겨진 설교대
주변

다음으로 마을 입구 쪽으로 골목을
이리저리 돌아 작은 동산 위에 '비쉬
모니'라는 작은 개신교 교회를 찾았다. 오래 전 이 마을에 남편도
없이 세 어린 자녀를 데리고 어렵게 살아가던 여인이 있었다. 그녀
는 기독교 신앙을 갖고 있었다. 그러나 그녀의 아비는 기독교 신앙
을 죄악시하여 자신의 딸이 알 수 없는 종교의 늪에 점점 깊숙이
빠져드는 것을 저지하고자 했다. 그러나 아비의 시도는 성과가 없
어서 그녀는 매우 독실한 기독교 신도가 되었다.

그러던 어느날 아비는 딸이 끝내 자신의 신앙을 고집하자 그녀
의 영혼이 더 깊이 중독되는 것을 막겠다는 일념에서 그녀와 어린
아이 모두 네 명을 이 곳으로 끌어내 죽이고 말았다. 그 후 마을 사
람들은 그 자리에 작은 교회를 짓고 매년 한 차례 그들이 죽은 8월
15일 밤이 되면 신도들이 모여 예배를 보는데 이 때에는 그 교회

벽면에 그들 죽은 네 명이 천천히 걸어가는 모습의 영상이 나타났다가 사라진다고 한다.

모술과 도훅을 잇는 북부 간선도로가 모술 시를 빠져 나가는 서북쪽 교외 길목에는 군경 합동 검문소가 있다. 그리고 거기서 멀지 않은 곳에는 간선도로와 갈라져 알 코쉬로 가는 50km 길이의 갈림길이 있다. 모술에서 도훅 방향으로 50km 떨어진 간선도로에서도 알 코쉬로 갈라지는 동쪽 갈림길이 또 나온다. 이 갈림길로 접어들어 가다보면 100여 m 높이의 나지막한 산맥을 병풍 삼아 산기슭에 서 있는 알 코쉬 교회와 그 주변에 늘어서 있는 100여 호의 마을을 쉽게 찾을 수 있다. 알 코쉬 교회는 그 역사가 오랠 뿐 아니라 규모도 이 지역에서 가장 크다. 80년대에 들어 교회를 사이에 두고 이라크 정부군과 쿠르드 반군과의 교전이 있었고 이로 인해 많은 피해를 입은 바 있다.

마티 교회

모술 동북쪽에 있는 모술 ↔ 아크라 도로를 따라 23km 거리를 가다 보면 왼쪽으로 갈라지는 갈림길이 나온다. 이 갈림길에 접어들어 앞을 바라보면 북쪽으로 3km 거리의 산등성이에 난공불락의 요새처럼 절벽 틈을 딛고 서 있는 마티 교회가 시야에 들어온다.

옛날 이 곳 산등성이의 작은 동굴에 마티라는 수도승이 살았는데 그는 여호와에 대한 믿음이 두터운 사람이었다. 뿐만 아니라 그는 뛰어난 안수치료 능력이 있어 그가 병자의 환부에 손을 대기만 하면 환자의 통증은 씻은 듯 사라지고 병은 완치되곤 했다.

절벽 위에 세워진
마티 교회

어느 날 이 근처를 지나던 니므룻의 왕자가 갑자기 복부에 심한 통증을 일으켜 신음하던 차에 주민들로부터 마티가 맨손으로 병을 낫게 해 준다는 말을 듣고 그의 동굴을 찾아왔다. 이윽고 마티가 니므룻 왕자의 복부에 손을 얹자 역시 왕자의 통증도 말끔이 가셨다. 그 후 니므룻으로 돌아간 왕자는 사람들을 보내서 동굴 옆에 돌을 쌓아 암자를 지어 주었고, 근래에는 참배객들의 발길이 늘어나면서 발전을 거듭하여 50m 내려온 이 곳에 3층 수도원 건물을 새로이 건립하게 되었다.

갈림길에서 마티 교회까지는 잘 포장된 도로가 깔려 있어 이 도로를 따라 굽이굽이 산비탈을 올라가면 교회 구내의 주차장에 닿는다. 내가 주차장에 도착했을 때는 마침 바그다드에서 온 교회 순례객들이 두 대의 고속 전세버스에서 내리고 있었다. 물론 이들은 중년 부인과 노년층이 대부분이었다. 나도 이들을 따라 건물 안으로 들어갔다. 철문을 들어서니 3층 시멘트 건물에 많은 방들이 줄지어 있고 그 위 한쪽에 교회건물이 있다.

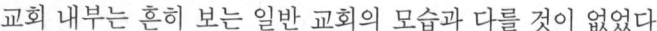

(옆)새로운 우회 포장도로가 생기기 전까지 사람들이 오르내리던 절벽길 (아래)마티 교회의 건물 내부와 그 위의 니므룻 왕자가 돌을 쌓아 세워 주었다는 건물

교회 내부는 흔히 보는 일반 교회의 모습과 다를 것이 없었다. 순례객들이 긴 교회의자에 자리를 잡자 3명의 그리스 정교 사제와 30대 남자 종사원 1명이 나와 예배를 시작한다. 6, 70대로 보이는 이들 사제는 검은 가운에 검은 모자 그리고 안경을 썼으며 회색수염이 가슴까지 드리워 있는 전형적인 그리스 정교 사제의 모습이다.

예배가 끝나자 헌금을 한다. 제일 뒷좌석에 앉아 예배의식을 지켜보던 나도 시설 유지에 보태쓰라는 뜻에서 1디나르의 헌금을 했다.

교단 한쪽 옆에는 묘실이 있어 그곳에는 양탄자로 감싼 큼직한 궤 속에 수도승 마티의 시신이 보존되어 있다. 헌금을 마친 순례객들은 묘실로 들어가 시신이 들어있는 궤를 어루만지며 각자 소원을 빌고 기도를 올린다.

사제와 종사원은 교단에 둘러서서 수입금을 계산한다. 문득 종사원이 옆에 서 있는 사제 2명에게 꾸짖듯 언성을 높이더니 무어라고 지시를 한다. 사제들은 그 신분과 차림새에 어울리지 않게 이 종사원의 불만스러워하는 표정에 어쩔 줄 몰라한다. 종사원에게 잘못 보이면 사제 자리에서 쫓겨날 수도 있는 모양이다.

어쩌면 이들 사제는 정식으로 서품을 받은 성직자가 아니고 이 교회 관리기관에서 그럴듯한 풍채의 노인들을 골라 일당제로 고용한 사람들일 수도 있다.

예배당을 나와 위쪽 산등성이를 바라보니 수도승 마티가 처음 자리를 잡았었다는 동굴이 빤히 올려다보인다. 교회건물에서 몇 걸음 안 되는 곳에는 도로 옆 움푹 들어간 작은 동굴이 있어 똑 똑 똑 물방울이 떨어진다. 옛날 이 곳 황무지 돌산을 찾은 수많은 순례객들이 줄지어 서서 소중하게 이 물방울을 받아 목을 축였을 샘터가 분명하다.

마티 교회 진입로에서 동북 방향으로 70km를 달리면 가파른 산비탈에 촘촘히 들어선 산간 마을 아크라(Aqra)에 닿는다. 주위에 농경지가 넓게 펼쳐진 것도 아니고 많은 양떼가 있는 것도 아니다. 이들이 무엇을 해서 먹고 살길래 이 곳에 모여 있을까 궁금한 생각이 든다.

아크라 앞을 돌아 지바르 쪽으로 고개를 넘어 내려가면 내리막길 중간쯤에 왼쪽 언덕으로 들어가는 갈림길이 나온다. 그 갈림길을 따라 500m쯤 들어가면 양쪽에 높은 산이 솟아 있는 게리잔타 계곡이 모습을 나타낸다.

약 3km 길이의 이 계곡에는 집채만한 바위덩이가 딩굴고 양쪽 산에서 스며나온 시원한 물이 흐른다. 젊은이들은 바위 사이의 넓은 웅덩이에서 수영을 하며 더위를 식힌다.

18. 북쪽 산악 교역로의 유적과 명소

작코

모술 북쪽 터키로 이어지는 2번 국도를 따라 105km를 달리면 인구 2만 명 규모의 국경도시 작코(Zakho)에 닿는다. 바그다드의 기온이 섭씨 45~48도를 웃돌 때에도 작코에서의 체감온도는 25도를 약간 넘는 초가을 날씨를 보인다. 작코 남쪽을 가로막고 있는 높은 산줄기가 남쪽의 열기를 차단하는 반면 인근 터키의 고산지대의 냉기가 산줄기를 타고 내려오기 때문이다.

밤낮 없이 꼬리를 물고 석유를 실어 나르는 터키 탱크로리의 바퀴자국으로 깊게 골이 패인 아스팔트를 따라 굽이굽이 힘들게 높은 산줄기를 넘어서서 멀리 건너편 북쪽 산기슭에 기대어 늘어선 작코 시가의 전경을 바라보는 순간 시원하고 쾌적한 공기가 방문객의 기분을 새롭게 한다.

내리막길을 3분지 2가량 내려오면 작은 삼거리가 나타난다. 여기서 왼쪽 길은 국경세관으로 통하고 곧장 가면 작코 시가지로 들어간다. 그리고 그 100m 전에서 오른쪽으로 빠지는 작은 골목길은 아바스 다리(Abbasid Bridge)로 통한다.

오른쪽으로 방향을 돌려 동쪽으로 들어가니 쿠르드 인 총각이

작코의 아바스 다리

걸어온다. 니네베 이북지역인 이 곳 작코의 주민도 역시 쿠르드 인이다. 아바스 다리가 어디에 있느냐고 물으니 좀더 가면 '어버씨'가 있다고 한다. 1km 거리를 들어가니 막다른 지점에 사파이어처럼 푸르고 맑은 카부르 강물 위로 무지개처럼 걸쳐져 있는 아바스 다리가 모습을 드러낸다. 이름이 카부르 강이지 수량(水量)으로 보아서는 작은 하천 수준이다.

천년이 지난 아바스 다리 위의 통행로

이 다리는 8, 9세기경 아바시드 시대에 건설한 것이라 하니 천년은 훨씬 넘는 역사를 갖고 있는 셈이다. 돌로 지은 아치형의 아바스 다리는 지금도 사람들

이 통행을 하며 이 다리를 자주 넘어 다니면 허리병이 낫는다고
한다.

강 넘어 저쪽 쿠르드 동네의 스피커에서는 흥겨운 쿠르드 댄스
곡이 흘러 나온다. 가까이 가 보니 동네 장로나 집안 어른으로 보
이는 50대 남자와 그 부인을 중심으로 하여 좌우에 젊은 여성들이
늘어서서 우리
의 강강수월래
와 닮은 점이
있는 그들의
유일한 민속춤
쿠르디쉬 댄스
를 추고 있다.
장로로 보이는
남자는 옆에
서 있는 부인
과는 손가락을
잡고 있으나

작코 어느 마을의
쿠르드 민속춤

다른 쪽에 서 있는 젊은 처녀와는 서로 시능만 하고 있을 뿐 실제
로 손가락을 잡지는 않는다. 젊은 처녀들은 빨강색, 파랑색, 노랑
색의 전통 민속의상을 차려입었다. 이 춤은 모두가 둘러서서 손에
손을 잡고 어깨를 으쓱으쓱하며 빙글빙글 도는 것이다. 손을 잡는
방법은 손목을 잡는 것이 아니라 서로 옆 사람의 새끼손가락을 잡
는다. 젊은 남자들은 이라크 군 병사나 터키 쪽 반정부 게릴라 요
원으로 나갔는지 몇 명 안 되는 총각들만 한쪽 편에 몰려서서 이
들을 바라보고 있다. 아마도 이 날은 처녀들을 총각들에게 집단으
로 선보이는 날인 모양이다.

도훅

모술 북쪽 69km 거리에 있는 도훅(Dohuk)은 북부 산악지대를 관할하는 도훅 도(道)의 중심도시이자 관문으로서 키 작은 관목 몇 그루가 드믄드믄 서 있고 2층 미만의 회색 시멘트 건물이 산 기슭까지 들어차 있는 인구 5만 정도의 도시이다.

이 곳 산간지대가 초행길이었을 때에는 차를 몰고 가기도 불안하고 무엇보다도 의사소통이 안 되는 쿠르드 인의 사회에서 신변 안전이 염려되어 몇 명으로 일행을 지어 쿠르드 인이 운전하는 시외택시를 대절해 가기로 했다. 시가지 위쪽에 있는 시외택시 합동정류소 가랏지(garage)로 올라가니 마침 쿠르드 인 운전기사가 앞자리에 어린 아들을 태우고 들어오는 택시가 있어 그 차를 잡았다. 종착지 아마디아 고성까지 왕복 200km에 중간중간 하차하여 안내받는 조건으로 30디나르 즉 3만 원에 흥정이 됐다. 그러나 그에게 너무 인색하게 값을 깎은 것이 그 뒤로도 못내 후회되곤 했다.

도훅에서 아마디아 쪽으로 산길을 17km 올라가면 제일 먼저 골짜기 한쪽 귀퉁이에 음료수, 스낵류를 파는 가게가 있고 몇 그루의 큰 나무가 서 있는 해발 885m의 옛 마을 자위타를 지나게 된다. 자위타(Zawita)는 고대 시리아 아람 인의 언어로 '귀퉁이'를 뜻한다는데 적절한 표현이었다는 생각이 든다. 아마도 아시리아 시대에 이 곳 산간 마을로 끌려와 살던 시리아의 아라마엥이 이 곳에 정착해 살면서 지명을 붙이게 된 것이 아닌가 생각된다. 마을 주변에 서 있는 빈약한 나무숲도 아시리아 시대에 조성된 것이라고 한다.

계절이 가을로 접어들면 이 산간도로에는 10여 세 미만의 쿠르드 마을 어린이들이 갓길에 늘어서서 그물 주머니에 넣은 빨간 사과 두름을 내밀며 지나다니는 자동차를 멈추게 한다. 사과의 크기는 크지는 않으나 향긋한 향기가 홍옥 품종과 비슷한 점이 있다.

자위타를 지나 몇 굽이를 돌아 올라가니 양쪽 골짜기가 온통 빨강색 꽃으로 붉게 물들어 있다. 진달래보다는 크고 철쭉보다는 작다. 일행 중 한 명이 야생 양귀비라고 말한다. 모두들 차에서 내려 신기한 눈으로 꽃들을 매만지며 살펴본다. 양귀비라면 서양 열강들에게 중국 침략의 빌미를 주고 중국을 병들게 한 마약 재료가 아니던가. 양귀비가 거무칙칙한 색깔을 한 식물일 거라고 생각했는데 이렇게 아름다운 꽃을 피우고 있을 줄은 몰랐다.

수아라 투가

아스팔트로 포장된 산길을 따라 탱크로리와 대형 화물차가 오가는 해발 1507m의 산등성이에 오르니 작은 숲과 산장이 있고 왼쪽 산등성이 넘어 7, 8채의 가옥이 보인다. 이 곳이 바로 수아라 투가(Suara Tuga)라는 산간 마을이다. 산장 옆 바위 밑에서는 샘물이 졸졸 흘러나온다. 북쪽의 고산준봉이 멀리 바라보이는 수아라 투가 산장정원은 전망대로 제격이다.

차에서 내려 도로변 산장정원에 들어가 북쪽을 바라보니 건너편 터키령 고산은 5월 말인데도 아직 꼭대기에서 산허리까지 흰눈을 덮어쓰고 있고 그 냉기를 실은 북쪽바람이 불어와 얼굴의 열기를 식혀 준다. 이 곳 한여름 온도는 중부 평원지대보다 섭씨 15도 가량 낮다고 한다.

수아라 투가를 지나면 내리막길이 시작된다. 이 곳에서 6km 떨어진 산등성이에 이르면 왼쪽으로 멀리 사르생 휴양지가 보이고 오른쪽 언덕 위로 올라가는 갈림길이 나온다. 갈림길을 따라 오른

북부 산악지대의 봄

쪽으로 500m 정도 들어가면 짙게 우거진 숲 속에 높이 20m의 요란한 굉음을 내는 아샤와(Ashawa) 폭포가 있다. 산 위에서 쏟아지는 폭포수가 바위에 부딪쳐 부서지면서 안개처럼 자욱하게 물방울을 만들고 그 물방울이 증발되면서 주위의 열기를 흡수해 가니 폭포 주변은 시원하다 못해 서늘한 감마저 든다. 숲이 우거진 폭포 밑 그늘에는 수많은 연인 커플과 가족 피서객들이 모여 앉아 서늘한 냉기 속에서 한여름 별천지 풍경에 푹 빠져 있다.

아샤와를 떠나 5km를 더 가면 이 근방 산간지역의 중심지이며 호텔 등 숙박지, 식당, 주유소와 상점이 있는 해발 1,046m의 휴양지 소읍 사르생(Sarsaeng)이 기다린다. 우리 차의 택시기사 이브라힘도 사르생 주민이다. 사르생에서 10km를 더 가면 작은 인공폭포와 넓은 동굴 휴게소가 있는 아니쉬키에서 오른쪽으로 돌아 오르막길을 오르게 되고 이윽고 멀리 아마디아 산과 술라프 계곡 그리고 거리를 두고 떨어져 있는 우리의 종착지 아마디아 마을이 모습을 드러낸다.

술라프

5월의 싱그러운 바람에 머리결을 나부끼는 바람둥이 아가씨를

하계 산악 휴양지
술라프

연상시키는 이름 술라프(Sulaf)의 계곡 위쪽에는 옛 하트라 사람들이 석고상으로 표현했던 풍만한 젖무덤 모양의 산봉우리 두 개가 솟아 있고 그 아래쪽에는 큰 동굴이 있어 비싼 요리를 팔며 동굴 주위에는 울창한 숲이 우거져 있다. 숲을 뚫고 인공수로를 통해 흐르는 물은 25m 높이의 작은 폭포가 되어 떨어진 후에 다시 개울이 되어 흐른다. 개울 주위에는 간이식당이 늘어서 있어 각처에서 몰려오는 하계 휴양객들을 맞는다. 한여름의 공휴일인 금요일에는 차량과 인파가 몰려 대혼잡을 이루기 때문에 교통경찰이 동원되기도 한다.

술라프 옆에는 남성적인 명칭을 갖는 바위 산으로 해발 1,985m 높이의 아마디아 산이 있다.

술라프 계곡과 아마디아 산으로부터 700여 m 떨어진 곳에는 원뿔의 중간을 잘라 낸 듯 기이한 모양의 산이 있고 그 산 위에는 사원을 중심으로 제법 큰 아마디아 마을이 자리잡고 있다. 이러한 지형을 지리학 용어로는 '메사 지대'로 부른다고 하며 중동에는 이

메사 지대 위의
소읍 아마디아

러한 지형이 이 곳 말고도 몇 군데 더 있는 것으로 알려진다.

일행은 술라프를 떠나 아마디아 산의 깎아지른 바위 밑에 뚫린 도로를 따라 아마디아 마을의 고성으로 향했다.

술라프에서 1km 더 들어간 곳에서 도로는 남북으로 갈라진다. 그 중에 군 트럭이 이따금 왕래하는 북쪽 갈림길은 국경으로 통하는 군사도로로 이용된다. 지금까지 도혹에서 이 곳 아마디아를 거쳐 이란으로 뻗어 있는 도로는 고대 아시리아와 아바스 초창기 정복로의 하나였으며 북부 페르시아에서 곧장 지중해로 통하던 교역로의 한 갈래이기도 했다.

아마디아 고성

우리를 태운 차는 남쪽 갈림길을 따라 곧바로 메사 지대 뒤쪽의 깎아지른 절벽 틈을 비집고 지그재그로 아슬아슬하게 기어올라

소읍 아마디아와
해발 1,985m의
아마디아 산

아마디아(Amadya) 마을로 올라섰다. 눈 앞을 보니 소총을 멘 4, 5명의 무장 경찰이 둘러서 있다. 그들은 우리에 대하여 이브라힘에게 몇 마디 묻고는 일행이 탄 택시를 통과시켰다.

이 마을은 택시기사 이브라힘의 고향이기도 했다. 그는 운전으로 돈을 벌어 1년 전에 이 곳에서 사르생으로 집을 사서 이사 나갔다고 했다. 그는 도훅에서 아마디아에 이르기까지의 산간 마을 지역사회에서 그 누구도 모르는 사람이 없었고 그의 친구가 아닌 사람이 없었다.

마을에 들어서자 남녀노소를 막론하고 생전 처음 보는 이국인에게서 시선을 떼지 못한다. 우리는 이 마을에 발을 딛은 최초의 동아시아인이었다. 작은 읍 규모의 이 마을에는 회교사원과 소방서, 초등학교, 음식점 , 과일가게, 야채가게 등 구색은 모두 갖춰져 있다. 마을 순환 포장도로를 지나다 보니 노랑머리 금발에 푸른 눈동자를 가진 소녀와 할머니가 우리를 신기한 듯 바라본다.

이 메사 지대의 윗뿔을 잘라낸 평지 부분은 한 켜의 바위판으로

씌워진 것이라 한다. 그리고 그 주위 2km는 20m 안팎의 절벽이 병풍처럼 둘러싸고, 절벽 아래쪽을 가파른 경사면이 받치고 있어 하늘이 만든 난공불락의 요새처를 이루고 있다.

모술에 아타벡 왕국을 세운 이마드 우딘 장기는 이 지형을 이용하여 서기 1141년 이 곳에 장기 성이라고 불리는 성곽을 건설했다. 바로 우리가 찾으려고 하는 아마디아 고성을 말한다. 자신들을 토벌하려 들지도 모르는 셀주크 터키의 공격에 대한 최후의 대비책으로 요새를 구축한 것이다.

이 성에는 동쪽의 지바르로 통하는 지바르 문과 서쪽 모술로 통하는 모술 문 등 두 개의 성문이 있었다. 현재 동문은 흔적도 없이 사라지고 그 자리에는 마을로 올라가는 포장도로가 뚫려 있다. 아마디아 마을 안쪽 순환도로의 서남쪽 부분을 주의 깊게 살펴보면 아래쪽으로 내려가는 계단을 찾을 수 있고 그 계단은 양들의 축사로 사용되는 성문 홀로 연결된다.

성문 홀에서 몇 개의 계단을 내려가면 옛날 모술로 통하던 서쪽의 모술 문이 나타난다. 성문에 문짝은 없으나 문틀에는 꿈틀꿈틀

아미디아 고성으로
불리는 장기 성

움직이는 뱀의 모양이 가득 새겨져 있다. 본래 이 조각은 허리에 장검을 찬 전사가 한 손에 방패를 들고 다른 손으로 날카로운 창을 높이 치켜들어 뱀을 찌르는 모습을 새긴 것이라고 하나 전사의 모습은 훼손되어 알아볼 수 없다.

19. 동북 산악 교역로의 명소

이슈타르 여신의 전당 에르빌

이라크 동북쪽 에르빌 쿠르드 자치주의 중심지인 에르빌은 키르쿡에서 북쪽으로 93km 거리에 있으며 기원전 6세기경에는 그리스와 페르시아를 잇는 주요 동서 교역도시였다. 에르빌의 도시 명칭은 옛 기록에도 나타나서 기원전 2천 년경 고대 시리아 인들은 아르빌리움(Arbilium, Urbilium)으로 기록하고 있고, 고대 아시리아와 바빌로니아 사람들은 '아르바 일루(4位의 神)'라 불렀다고 한다. 당시 에르빌은 전쟁과 사랑의 여신 '이슈타르'를 숭배하는 중심도시였다.

그 후 기원전 331년 알렉산더 대왕은 에르빌 교외에서 벌어진 가우가멜라 결전에서 페르시아 왕 다리우스 3세의 군대를 대파함으로써 메소포타미아를 완전 장악하는 계기를 만들기도 했다.

한 팔이나 됨직하게 길쭉한 수박을 길가에 쌓아 놓은 과일가게들을 헤치고 에르빌 시내를 벗어나서 동북쪽 도로를 따라 20km를 달리면 내리막 산길이 끝날 때쯤 철교를 건너게 된다. 철교 밑은 넓은 자갈밭이 펼쳐져 있어 오래 전에 강물이 흐르던 자취를 나타낸다.

에르빌 변두리의
수박가게

철교를 건너 500m를 가면 5거리가 나타난다. 여기서 직진하면 동북 산악지역의 관문격인 열두 굽이의 살라우딘 고개를 올라야 하고, 오른쪽 길은 살라루쉬 휴양지로 통하며, 왼쪽 길은 모술로 통하는 도로에 연결된다. 왼쪽으로 7시 방향의 도로는 바로 옆에 있는 바스투라 마을로 들어간다.

서기 1130년경의
에르빌 지방 총독
무다파르 우딘의
이름을 따서 건립한
무다파리아
미나레트와 멀리
보이는 에르빌 고성

모술 쪽 도로를 따라 10km쯤 들어가 왼쪽으로 자동차 한 대가 겨우 다닐 수 있는 농로를 따라 500m를 내려가면 바스투라 하천의 자갈밭에 닿게 된다. 그리고 자갈밭 아래쪽으로 2km 내려간 곳에는 얕은 구릉지대의 끝 부분에 마치 성벽처럼 몇 줄 돌을 다듬어 쌓은 안벽(岸壁)과 사방 70cm 규모의 송수구(送水口)가 나타난다.

이 안벽과 송수구는 고대 아시리아 왕 산헤립이 바스투라 하천의 물을 에르빌로 끌어내기 위해 건설했던 관개수로의 송수구라고 한다. 송수구 남쪽 여덟번째 돌에는 다음과 같은 아시리아 문자가 새겨져 있다.

나 아시리아의 왕 산헤립은 경외로운 이슈타르 여신이 머무는 에르빌의 위쪽 카니 산줄기에 3개의 강을 굴착하여 그 수로를 뚫는다.

내가 처음 산헤립 왕의 관개수로와 송수구를 찾기 위하여 이 곳을 찾았을 때에는 송수구 100여 m 못 미친 지점까지 왔다가 안타깝게도 찾지 못하고 돌아서고 말았

(위)산헤립 왕의
하천공사 기초석
비문
(옆)산헤립 왕이
건설했던 바스투라
하천의 송수구

다. 아무래도 이 곳 주민의 안내를 받아야 하겠기에 가까운 밭에서 일하는 농민들에게 말을 걸어 보았다. 그러나 언어 소통은 둘째치고 다른 주민들이 그렇듯이 이들도 그날 그날의 생활에 매달리는 일조차도 힘겨웠던 터라 옛 아시리아 왕의 토목공사에 관하여 생각해 볼 처지가 못 되었다.

할수없이 나는 바스투라 마을에 들어가 적당한 사람을 찾아보기로 했다. 마을 어귀에 들어서자 마침 마주 오는 세 젊은이들이 눈에 띄었다. 그 중에 알리라고 불리는 가운데 남자는 30대 중반의 나이에 지성적인 면모를 지닌 바로 내가 찾는 유형의 사람이었다. 그의 양 옆 30대 초반의 젊은이들은 그를 에스코트하며 다니는 듯 했다. 공휴일이자 금요일인 그 날 저녁에 에르빌에서 중요한 회의가 있다면서도 그는 안내를 마다하지 않았다.

직업이 에르빌 시내의 고등학교 교사라고 밝힌 알리는 젊은 나이임에도 이 지역 쿠르드 사회의 명망 있는 지도급 인사인 듯 보였다. 마을 사람들은 물론이요 멀리 외딴 밭에서 일하는 늙은 농부들까지도 모두들 그에게 각별한 경의를 표했다. 우리는 쿠르드 인의 역사에 대하여 얘기를 나누며 좀 전에 내가 찾지 못하고 돌아섰던 지점을 지나 산헤립 왕의 관개수로와 송수구가 있는 쪽으로 향했다.

그는 자갈밭을 걸으며 얘기를 계속했다.

"쿠르드 인은 인도 · 유러피안 계통의 아리안 민족입니다. 우리 조상들은 옛 아시리아를 멸망시킨 메디아 제국으로 하나가 되었지요. 그것이 처음이자 마지막이었습니다. 그 이후 우리 쿠르드의 지역은 이 나라 저 나라로 찢겨졌습니다.

현재 쿠르드 인의 인구는 터키에 900만 명, 이란에 700만 명, 이라크에 300만 명, 시리아에 100만 명, 도합 2,000만 명입니다. 몇십

몇백만의 인구로도 독립된 국가를 이루고 있는 나라가 하나둘이 아닌데 2,000만 명이나 되는 우리 민족은 독립국가를 이루지 못하고 있습니다. 비록 현실적으로 우리의 목표를 달성하기까지에는 험한 길과 많은 난관이 놓여 있는 것이 사실이지만 우리는 결코 포기하거나 좌절하지 않고 우리의 염원이 성취되는 그 날까지 노력할 것입니다."

그러나 그의 비감한 결의와는 달리 아직도 쿠르드 사회의 현실은 너무나 비관적이다. 사회적으로 만족한 지위에 있고 경제적으로 안정적인 사업체에 종사하는 소수 계층이 없는 것은 아니나 아직도 대다수의 쿠르드 인은 산악지대에서 영세농업에 종사하거나 도시 변두리에서 막일과 영세상업으로 어렵게 생계를 꾸려 간다. 하루 하루 생활이 당장 발등에 떨어진 불이고 보니 굶주리고 핍박받으며 투쟁하는 쿠르드 인보다는 안정된 이라크 인으로 살기를 원하는 쿠르드 인이 더 많을지도 모른다. 상·하수도 등 생활환경도 열악하다. 그러다 보니 교육열도 낮아 문맹율이 높다. 분쟁이 생기면 동족끼리도 타협과 조정보다는 폭력으로 해결하고자 한다. 북부 산악 쿠르드 마을 중에는 마을 간에 서로 총격전을 벌이는 교전 상태가 수년 간 지속되고 있는 곳도 있다고 한다. 그러나 무엇보다도 큰 문제는 국제사회가 통일 쿠르드 국가를 맞을 의사가 없고 여건과 준비도 전혀 안 되어 있다는 점이다.

살라우딘과 살라루쉬

에르빌 동북쪽 32km 거리에 있는 열두 굽이 가파른 고개 위의 살라우딘(Sala Uddin)은 작은 읍 규모의 촌락으로 이집트와 시리아

중세 아랍의 영도자
살라우딘이 말을
달리며 무예를
닦았던 살라우딘
마을과 주변의
넓은 산 마루

를 통합하여 유럽의 기독교 침략군을 몰아냈던 중세 아랍세계의
영도자 살라우딘 황제가 티크리트에서 태어난 후 돌아와 청년이
되기까지 지냈던 고향으로 마을의 이름도 역시 그의 이름을 따서
살라우딘이라 불린다. 이웃한 휴양지 살라루쉬의 피르맘 봉에서
뻗어나온 해발 900m의 평퍼짐한 마을 주변 산등성이의 초원은 소
년 살라우딘이 양떼를 몰며 말을 달려 무예를 연마하던 장소가 분
명하다.

이 마을 사람들은 오늘날 상업과 관광업으로 생업을 삼고 있다.
한쪽에서는 평원지대에서 올라온 의복과 식료품 상점이 늘어서
있고 다른 한쪽에는 산악 농업 생산품과 수공업 제품을 취급하는
상점과 여관이 늘어서 있다. 물건을 아주 싼값에 사고 싶으면 살라
우딘으로 가라는 말을 들은 적 있다. 왜냐하면 살라우딘에서는 이
란·이라크의 각처에서 몰려온 절도 장물이 몰려들어 팔린다는
것이다.

살라우딘 마을 입구에서 오른쪽 남동 방향으로 산능선을 따라

9km를 올라가면 살라루쉬(Sala Lush) 휴양촌이다. 이 곳 여름기온
은 평원지대보다 섭씨 8∼10도 가량 낮아 한여름에도 섭씨 36도를
넘는 일이 없기 때문에 여름 피서지로 각광을 받는다고 한다.

사막 평원지대에서 섭씨 36도의 기온은 그다지 더위를 느끼게
하는 온도가 못 된다. 고온 건조한 기후로 피부의 수분 증발이 활
발해지면서 체감온도를 내려주기 때문이다. 그러나 이 곳 체감온
도는 섭씨 40도가 넘는 평원지대와 별 차이를 느낄 수 없다. 주위
에 숲과 초원이 무성한 것으로 보아 공기가 별로 건조하지 않고
이로 인해 기온과 체감온도와의 차이가 사라진 탓이다.

산 정상으로 통하는 아스팔트 도로 주변에는 울창한 숲 사이로
단층 콘도미니엄이 늘어서 있고 전망 좋은 서쪽 절벽 위에는 살라
루쉬 국영호텔이 자리잡고 있다. 해발 1190m의 피르맘 봉 정상에
이르니 간단한 음료를 파는 휴게소가 있다. 그 서쪽 뜰에서는 아래
쪽 평원지대가 까맣게 내려다 보인다.

휴게소 벽에 걸린 라디오에서는 이 지역 쿠르드 방송국의 흥겹
고 역동적인 쿠르디쉬 댄스 곡이 흘러 나온다.

특이한 모양의 샤핀
산줄기 아래
자리잡은 동북 하계
휴양지 샤클라와

살라우딘에서
동북 산악로를 따
라 18km를 더 들어
가면 샤핀 산줄기
기슭에 자리잡은
해발 966m의 샤클
라와(Shaqlawa) 읍
에 도착한다. 주위
에 숲이 우거져 있
고 상가, 식당, 호

텔 등이 자리잡고 있어
동북 산악 휴양지로 관
광객이 많이 찾는다는
이 곳 역시 한여름 최
고기온이 35도에 불과
하다고 선전되고 있다.
　샤클라와에서 다시
지그재그로 산을 넘으
면 주위에 산으로 둘러

샤클라와의 포목상

싸인 분지 하리리 평야가 나타난다. 이 평야지대에서는 밀농사가
주종을 이룬다. 평야의 동쪽 끝 부분에는 하리리(Hariri) 마을이 자
리잡고 있다. 하리리 마을에서는 아침나절에 산간 농산물시장이
열린다. 이른 아침이면 하리리 장터는 벌써 검은 갈색의 쿠르드 민
속의상으로 북적이고 각처의 농산물 수집상들은 야채와 수박, 멜
론 등 농산물을 사들인다. 그러나 점심 때가 되면 언제 그랬느냐는
듯이 인적이 끊긴다. 마을 중심부로는 아주 오랜 옛날부터 왕래되
던 좁은 도로가 통과했으나 1990년 새로운 직선 단축도로가 개통
된 후에 하리리는 외딴 마을로 동떨어져 있게 되었다. 평야의 중간
중간에는 고깔모자 모양의 낮은 봉우리도 몇 개 서 있다.

갈리 알리 벡 계곡과 폭포

　하리리 들판을 지나 고개를 하나 넘으면 내리막 길이 끝날 무렵
켈리판 마을이 나타나고 곧 이어 10km에 걸쳐 뻗어 있는 갈리 알
리 벡(Gully Ali Beg) 계곡에 들어서게 된다. 계곡 입구에는 높이

(옆)갈리 알리 벡
폭포
(아래)험준한 계곡
속을 뚫고 달리는
갈리 알리 벡 통로

12m의 갈리 알리 벡 폭포가 있어 여름철에는 각처에서 몰려온 피서인파로 북적인다. 이것은 이라크에서 가장 유명한 폭포라서 5천 원에 해당하는 5디나르 권 지폐에 그 모습이 실려 있다.

폭포에서 떨어진 물은 개울을 이루어 옛 페르시아 캐러밴들이 나귀등에 잔뜩 짐을 싣고 짤랑짤랑 방울소리를 내며 지나다녔을 계곡통로를 따라 흐른다. 계곡 통로 좌우에는 해발 3천 m 가량 되어 보이는 코룩 봉과 느왓닌 봉이 까마득하게 버티고 있어 보기드믄 절벽의 경관이 펼쳐진다. 계곡을 벗어나면 도로는 세 갈래로 갈라진다. 오던 길을 따라 계속 앞으로 60km를 가게 되면 동북단 하계 휴양지 하즈옴란을 거쳐 이란으로 들어가는 옛 실크로드의 한 갈래 교역로를 밟게 된다. 서쪽 도로는 65km 떨어진 샤니데르 마을로 통한다. 샤니데르의 한 동굴에서는 8천 년 전에 살았던 것으로 보이는 네안데르탈인의 유해가 발견되었는데 이것은 현재 그 주변에 널려 있던 식기, 동물뼈 등과 함께 바그다드 박물관으로 옮겨져 있다.

　오른쪽으로 갈라지는 동쪽 도로를 따라 산등성이를 하나 넘으면 지표가 갈라져 만들어진 또 하나의 그랜드 캐니언 축소판이 방문객의 시선을 끈다. 계곡 절벽 위에는 라완도즈라는 쿠르드 인의 마을이 있다. 마을 뒤 산등성이를 돌아 내려가면 갈리 알리 벡 계곡의 동쪽과 맞닿아 있는 벡칼 계곡에 들어서게 된다. 계곡 절벽의 중간에서는 엄청난 양의 지하수가 굉음을 내며 분출되어 높이 24m의 경사면을 따라 흘러내려 벡칼(Bekhal) 폭포가 된다. 이 때에 얼음처럼 찬 지하수가 터져 나오면서 주위에 무수히 많은 이슬방울을 퍼뜨리고 이 물방울은 대기 속에서 순식간에 증발되어 한여름 폭포 주변의 열기를 서늘하게 식혀 준다. 이 폭포에서 나온 지하수는 광물질이 너무 많이 함유된 까닭에 사람이 마시게 되면 복통과 설사를 일으키게 된다. 갈

라완도즈 계곡

(옆)동북 산간
오지의 라완도즈
마을
(아래)벡칼 폭포

리 알리 벡과 벡칼의 두 폭포
가 쏟아 놓은 물은 합류하여
잡(Zab) 강이 되고 다시 티그
리스 강과 합쳐진다. 벡칼 계
곡 도로를 따라 계속 들어가
면 코륵 산허리를 깎아 뚫은
산상도로(山上道路)를 타고
갈리 알리 벡 계곡 입구로 되
돌아 나오게 된다.

20. 동부 산악 교역로 술레마니아

이라크 동부 산악지대에 있는 술레마니아 지방은 구석기 시대 유물이 출토된 곳으로 오래 전부터 사람들의 생활터전이 되어 왔으며 페르시아에서 앗수르–하트라를 거쳐 지중해 연안으로 통하던 고대 주요 교역로가 지나던 지역이다.

역사적으로는 기원전 2290년대에 아카드 왕 나람신이 술레마니아 지역의 카라닥 산 능선에서 적을 격파하는 모습을 석판에 새겨

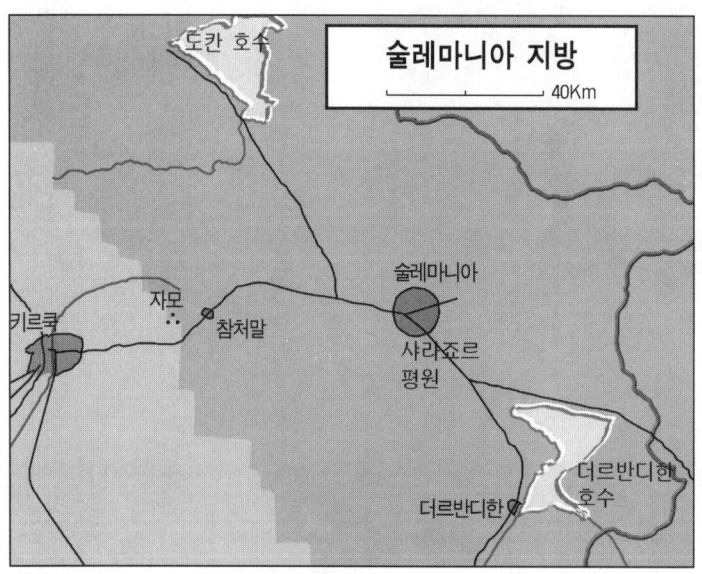

기원전 2290년경
아카드 왕 나람
신이 페르시아
군대를 격파했던
술레마니아의
산악지대

그 모습을 후세에 전하게 했고, 아시리아 시대에는 이 지역 중앙부의 샤라죠르 평원을 '삼와'라고 불렀다는 기록이 있으며 서기 239년에는 이 지역에서 하트라의 군대가 격전 끝에 페르시아 사산의 군대를 격파한 사실이 기록되어 있다.

그 후 메소포타미아 지역이 오토만 터키의 지배 아래 있었던 서기 1780년경 당시 총독 술레이만(Sulaiman) 파샤가 이 지역 중앙부 해발 900m의 분지에 새로운 도시를 건설하고 자신의 이름을 따서 '술레마니아'로 명명함에 따라 술레마니아라는 중심 도시가 생기게 되었고 그 주변 일대의 지역은 술레마니아 도(道)가 되었다.

하트라가 사산의
군대와 격전을
벌였던 샤라죠르
평원

도칸 호수

키르쿡에서 동쪽으로 키르쿡 ↔ 술레마니아를 잇는 도로를 따라 90km를 가다가 술레마니아 시에 못 미치는 교외 삼거리에서 북쪽 도로를 따라 50km를 들어가면 도칸 댐과 이 댐으로 인하여 만들어진 도칸 호수에 닿게 된다. 둘레 10km인 이 인공호수에서는 낚시를 하고 유람선에서 뱃놀이를 하며 주변 숲의 그늘에서는 가족단위로 둘러앉아 파란 연기를 피우며 양고기를 구워 먹는다. 그리고 때로는 모두 둘러서서 새끼손가락을 서로 잡고 어깨를 으쓱으쓱하며 온몸을 옆사람과 비벼 가며 쿠르드의 강강수월래 춤을 춘다. 가운데에서는 피리수가 날나리로 흥겨운 댄스곡을 연주하면 고수는 리듬을 맞추어 북을 울린다. 그리고 모두들 그 장단에 맞추어 시간가는 줄 모르고 땀을 뻘뻘 흘리며 빙글빙글 돌아간다. 술 마시고 노래하며 싸우고 토하고 사방에 음식 찌꺼기를 버리거나 시냇물에서 설거지를 하며 땅 속에 쓰레기를 파묻는 등의 갖가

3월 21일 춘절 답청명절에 야외로 나가지 못하는 쿠르드 영세민들은 마을 공터에 모여 쿠르드 민속춤으로 하루를 보낸다.

지 행위를 하는 모습은 물론 볼 수 없다. 매년 3월 21일 춘절은 이 지역 주민 최대의 명절이자 답청일(踏靑日)이다. 춘절이 되면 키르쿡, 술레마니아, 에르빌, 도훅 등지의 북부 주민들은 울긋불긋한 옷감에 금박무늬를 넣은 쿠르드 고유의 민속의상으로 단장한다. 그리고 일가 친척이 모두 승용차, 마이크로 버스, 화물차, 가축 수송차 등에 나누어 타고 호수 주변이나 이름 모를 꽃들이 만발한 넓은 들판으로 몰려 나간다. 그 때쯤이면 도칸 호수 진입도로는 하루 종일 차량행렬로 메어진다.

더르반디한 호수

더르반디한(Derbandikhan) 호수로 향하는 도중에 술레마니아 시 외곽도로에서 마침 60대 노인을 만나 제대로 길을 잡아든 것인지 확인하기 위하여 길을 묻게 되었다. 지도와 안내서적에 표기된 영문대로 '데르반디칸' 호수가 어느 쪽이냐고 물었다. 이리저리 발음을 바꾸어 10여 회 이상을 말해도 그는 도무지 알아듣는 눈치가 아니었다. 이번에는 동행했던 아랍 인이 나서서 설명을 시작했다. 다행히 그 노인은 아랍어를 이해했다. 얼마 후 그는 무릎을 탁 치며 외쳤다. "더르반디한!" 우리의 경우 발성되지 않은 끝의 자음은 다음 음절로 넘어가 발성에 영향을 주지만 이들의 경우에는 그 반대로 묵음화되어 소멸되기 때문에 'k' 음이 발성으로 이어지지 않는 것이다. 그런가 하면 모음의 경우에는 'a', 'e', 'i' 음이 혼용되어 가령 'Sulaimania'의 경우 어린이는 술라마니아, 장년층은 술레마니아, 노인층은 술리마니아, 할머니는 술러마니아 등 여러 가지가 모두 통용된다.

3월 21일 춘절
답청일의
더르반디한 호수
주변

술레마니아 시에서 군데군데 탱크 포신이 위장망 밖으로 모습을 드러내고 있는 도로를 따라 65km 남쪽으로 내려가면 더르반디한 읍이 있고 그 뒤로 티없이 맑고 깨끗한 더르반디한 호수가 길게 펼쳐진다. 바그다드에서 동북쪽 4번 국도를 이용하면 268km가 된다.

술레마니아 시에서 멀지 않은 거리에 호수로 통하는 국경 쪽 지름길이 있기에 들어서니 도로는 폐쇄되고 경비가 삼엄하다. 전날 밤 이란 쪽에서 활동하는 반정부 쿠르드 게릴라가 넘어와 이 지역 쿠르드 주민 2명을 납치하여 게릴라 가입을 강요하며 동반월경을 시도하다가 주민이 완강히 저항하자 사살하고 도주한 사건이 발생하여 이 지역에 비상경계가 발령중이라는 것이다.

1980년대 중반까지만 해도 쿠르드 반정부 무장단체들은 이란·이라크 전쟁을 틈타서 이 지역에 쿠르드 독립국가 창건의 어떠한 계기를 마련할 수 있을 것이라는 막연한 기대에 희망을 걸고 다시 오지 않을 이 기회를 놓치지 않기 위하여 다방면의 활동을 전개했다. 자연히 엄청난 경비가 소요됐고 그들은 돈을 마련할 수 있는 모든 방법을 강구했다. 그러나 빈한한 이 지역 주민들에게서 충분한 경제적 지원을 얻을 수는 없었다. 그래서 시작한 것이 외국인과 외국계 회사를 상대로 돈을 뜯어내는 일이었다. 그 결과 도처에서 외국인을 상대로 한 쿠르드 무장단체 소속원들의 강탈과 강도 행위가 자행됐다. 외국인이 인적 없는 한적한 도로에서 혼자 차량을 운행하는 것은 위험한 일이었다. 이렇게 되면 멀리서 뒤따르던 무장단체 소속원들이 튀어나와 도로 여건상 보통 시속 80~100km 속도로 달리는 외국인의 차량 바로 앞에 그들의 차를 세운다. 외국인이 기겁을 하여 급 브레이크를 밟은 후 앞으로 쏠린 자세를 바로세우려는 순간 쿠르드 무장인원들이 번개처럼 달려들어 목덜미를 총구로 찌르며 차에서 끌어낸다. 그들은 외국인을 그들의 차에 태우고 그의 차량과 함께 인적이 없는 황야나 으슥한 구릉 모퉁이로 끌고 간다. 그 곳에서 그들은 외국인의 모든 소지품을 털어내어 그의 차량에 싣고 떠나 버리고 외국인은 그 곳에 버려진다. 한때 나와 함께 일했던 박 모씨도 그 체험자였다.

내가 키르쿡에 가기 전 해에는 한국인, 태국인, 방글라데시의 근로자 수십 명이 수류탄을 던지며 작업현장에 침투해 온 수십 명의 쿠르드 무장인원들에 의해 납치된 적이 있었다. 그들은 한국의 사용업체에 대하여 거액의 몸값을 요구했다. 한국 대사관에서는 똑같은 사건이 되풀이될까 두려워하여 몸값을 요구받은 회사에 대하여 나쁜 선례를 만들지 말라고 권고했다.

사건은 타결의 기미를 보이지 않은 채 지지부진 시일을 끌었고 그 사이 쿠르드 마을에 억류돼 있던 피납 근로자들은 야간탈출을 감행했다. 그들은 방향도 모르는 황야와 구릉을 수없이 걷고 달리기를 거듭한 끝에 탈출에 성공함으로써 사건은 자연스럽게 종결

지어졌다.

그러나 유감스럽게도 충북 제천에서 온 김 모씨가 이 과정에서 탈진하여 쓰러진 채 낙오됐고 이후에도 그에 대한 소식은 두절됐다. 나는 그들이 억류되었던 마을과 탈출 코스를 추적하여 그에 대한 사건의 실마리를 찾아볼 생각이었다. 그러나 당사자들은 모두 귀국했고 이라크 비밀경찰은 이 사건에 대하여 조사라는 것을 했다고 하여 통보서를 보내 왔는데 김 모씨가 사망했을 것으로 생각된다는 것과 나머지는 모든 것이 비밀사항이라는 것이었다. 한국 대사관에서는 더 이상 문제가 확대되지 않고 그 정도로 일단락된 것만 다행으로 생각하는 듯했다.

어느 화창한 봄날 나는 키르쿠크 유일의 알 타밈 호텔 앞을 지나고 있었다. 호텔 앞에는 좀처럼 볼 수 없던 건장하고 날렵해 보이는 쿠르드 무장인원 수십 명이 진을 치고 있었다. 그들은 허리는 물론 양쪽 어깨에도 X자로 탄띠를 걸치고 기관총을 들고 있었다. 여러 대의 차량이 잇달아 도착하고 나서 잠시 후 앞뒤로 두 대의 랜드 쿠르저 밴의 에스코트를 받으며 흰색 벤츠 승용차가 도착했다. 차가 멎자 쿠르드 무장 경호원들이 민첩하고 날렵한 동작으로 사주경계를 펼치며 흰색 벤츠의 VIP를 경호하여 호텔 안으로 인도해 들어갔다. 그리고 며칠 후 쿠르드 무장단체들이 일체의 반정부 활동을 중지하고 이라크 정부와 화해하며 서로 협력한다는 발표가 있었다. 이로부터 외국인에 대한 쿠르드 무장단체 소속원들의 강탈 행위도 종식되었다.

이 협정에 동조하지 않는 무장단체들은 급속히 세력이 위축되어 이란으로 근거지를 옮겼고 그 후 그들은 이따금 인원 보충을 위해 국경을 넘어 들어와 젊은 민간 쿠르드 인들을 납치해 간다는 것이다.

새옷을 입고 모처럼
명절 나들이에 나선
쿠르드 가정의 남매

    마침 춘절이 임박하여 더르반디한 호수 주변에는 이름 모를 꽃
들이 만발해 있고 호수의 수면은 거울처럼 잔잔하다. 아직도 겨울
잠에서 깨어나지 못한 호수 동편 국경지대 고산들은 머리에 흰 눈
을 얹고 늘어서 있다. 동서 길이 25km, 남북 30km인 이 호수의 댐
입구에 들어서니 양철 콘센트 건물 3개 동이 늘어서 있는 한쪽에
뜻밖에도 페인트가 벗겨져 알아보기 힘들지만 분명히 '정우개발'
이라고 한글로 표시된 팻말이 서 있다. 지금은 애석하게도 회사가
없어졌으나 아마도 오래 전 댐 기초공사 과정에 정우개발이 참여
한 듯했다. 댐 위쪽에는 아직도 공사가 끝나지 않았는지 중장비가
분주히 흙더미를 옮기고 있다.

21. 서부의 망망황야와 사막

유프라테스 강의 서쪽은 사방 1천 km가 넘는 황야와 사막이 펼쳐진다. 이 강은 이제 사막의 동진(東進)을 저지하는 외로운 방패일 뿐 아니라 강변 여러 도시의 목을 축이게 하는 젖줄이 되고 있다.

아카르 쿠프와 그 서쪽

바그다드에서 팔루자로 통하는 10번 국도를 따라 18km를 달리면 아카르 쿠프(Aqar-Quf)의 위치를 안내하는 이정표가 나타난다. 이정표가 있는 곳에서 북쪽으로 2km를 더 들어가면 많은 나무들이 둘러 서 있는 숲 위로 우뚝 솟아 있는 옛 지구라트가 그 웅장한 모습을 드러낸다. 아카르 쿠프는 세번째로 바빌론을 차지한 카시트 왕국의 16대 왕 쿠리갈주 1세가 기원전 1430년 무렵 건설한 도시였다. 그는 이 도시에 높이가 78m, 밑변이 $67 \times 69m$ 규모로 1,400평 넓이를 갖는 거대한 지구라트를 세워 엔릴 신께 바쳤다. 엔릴신은 하늘과 땅의 일을 주관하는 신으로 주신 마르둑, 지하의 신

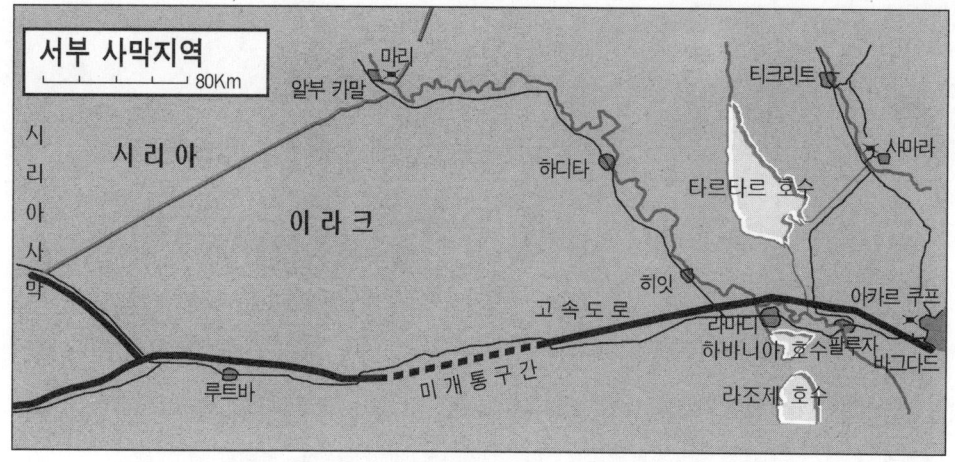

아눔, 태양과 정의의 신 샤마시와 함께 당시 주요한 위치에 있던 신이었다.

이 지구라트는 진흙벽돌 8켜마다 갈대자리 1켜를 깔아 넣고 중간 중간에 네모난 배수관을 끼워 넣어 폭우나 내부 침투수로 인하여 지구라트가 허물어지는 일이 없도록 고안되어 있다. 이렇게 공을 들인 공사에도 불구하고 신탑은 위 부분이 오랜 세월의 비바람에 깎여 현재 높이는 57m로 낮아져 있으나 아직까지 이 신탑은 메소포타미아 지역에서 가장 높은 고대 건축물의 자리를 지키고 있다.

쿠리갈주 왕은 도시 건설 후에 도읍을 바빌론에서 이 곳으로 옮기고 도시의 이름도 자신의 이름을 따서 '두르 쿠리갈주'로 부르게 하였다. 그 뒤 왕국 말엽에 도읍이 다시 바빌론으로 옮겨질 때까지 '두르 쿠리갈주'는 약 100여 년 간 메소포타미아의 중심으로서 북으로는 아시리아, 남으로는 이집트와 빈번한 교류를 갖게 된다.

아카르 쿠프 부근에는 유프라테스 강의 한 지류가 흐르고 있었

높이 72m에서
57m로 허물어진
아카르 쿠프의
지구라트

는데 당시 바빌로니아 사람들은 이 수로를 엔릴 신의 수로라는 뜻
으로 '비티 엔릴'이라 불렀고 이슬람 시대에 이르러서는 '에사
강'으로 불렀다. 그러한 관계로 이 지역은 용수의 부족함이 없이
과일과 곡식이 잘 자라서 농산물이 풍부했고 이슬람 시대 말기인
서기 1600년대에 이르기까지 주민들이 거주할 수 있었다고 한다.
신탑 밑에는 당시의 왕궁, 신전, 일반 주거지가 이어져 있으며 근
래 이 지방의 작은 박물관이 문을 열고 있다.

　아카르 쿠프에서 서쪽으로 40km를 더 나가면 바그다드에서
60km 거리에 팔루자(Falluja)로 불리는 오랜 도시가 있다. 이 도시
의 주변에는 고도(古都) 알 안바르의 옛 터, 타르타르 호수, 하바니
아 호수 등이 있다. 팔루자라는 이름은 고대 설형문자로 기록된
'Pellugto'라는 이름에서 유래된 것으로 학자들은 생각하고 있다.

　팔루자 시가의 초입에서 북쪽으로 갈라지는 도로를 따라 5km
를 들어가면 옛 도시 알 안바르(Al Anbar)의 터가 있다. 이 도시는
페르시아 사산 제국이 서남 아시아를 지배하던 서기 363년에만 해

도 메소포타미아에서 페르시아 왕이 머무는 크테시폰 다음으로 큰 도시였다고 한다. 아랍 이슬람 시대에 들어와서는 아바스 왕조의 창건자인 칼리프 아바스가 서기 752년 도읍을 쿠파에서 이 곳으로 옮김으로써 안바르는 그 후 2년간 이슬람 세계의 중심지가 되기도 했다.

현재 알 안바르가 번창했던 자리는 수로 부지, 농경지 또는 고속도로 부지 등으로 편입되고 지금은 그 자취를 찾을 수 없다. 다만 바그다드 서쪽지역과 서부 사막 일대를 관장하는 행정구역 알 안바르 도(道)라는 명칭이 사라진 옛 도시의 이름을 이어가고 있다.

타르타르와 하바니아 호수

안바르의 옛 터에서 동북쪽 도로를 따라 35km를 더 올라가면 동서 지름 30km, 남북 지름 40km에 이르는 타르타르(Tharthar) 호수가 눈앞에 나타난다. 이 호수는 30km의 인공 수로를 파서 티그리스 강물을 끌어들이고 댐을 쌓아 만들어진 것으로, 주변에는 농경지 조성과 수로 굴착 공사가 한창이다. 호수 북쪽으로는 광활한 타르타르 평원이 뜨거운 폭염에 황폐화되어 간다.

어느 날 오가는 차량도 없이 황량한 제방 위 도로를 달리던 중에 차에서 잠시 내려 호수와 타르타르 평원을 배경으로 사진을 찍은 후 돌아서자 반대쪽에서 지나던 이라크 인 2명이 차를 세우고 다가와 자기들은 비밀경찰이라며 스파이 혐의가 있으니 경찰서로 함께 가잔다. 어이가 없어 언성을 높여 화를 냈더니 권총을 뽑아들고 달려든다. 나도 그들이 수상히 생각되어 내 친구들이 일하는

타르타르 호수

사마라 경찰서로 함께 가자며 앞장을 섰다. 그들은 처음 얼마 동안 우물쭈물 따라오는 듯했으나 잠시 후 살펴보니 어디로 사라지고 보이지 않았다.

호수 제방 위로 뻗어 있는 도로를 따라 동북쪽으로 60km를 달리면 오리엔트 협궤철도의 건널목을 건너 사마라 근교의 1번 국도로 나오게 된다.

팔루자에서 서남쪽으로 20km 떨어진 사막에는 꽃과 숲이 우거진 주위 30km의 아름다운 호수 하바니아(Habbaniya)가 있어 호텔, 콘도미니엄 등 국영 관광 숙박시설이 운영되며 여름에는 인근 도시에서 수많은 사람들이 몰려든다. 호숫가에는 길이 1km의 모래사장도 펼쳐져 있다. 관광객들은 나무그늘에서 아름다운 자연경관을 감상하며 더러는 해수욕을 하거나 보트타기를 즐기고 젊은 이들은 장미넝쿨이 양쪽에 무성하게 우거진 아베크 코스에서 재회의 기쁨을 만끽한다. 하바니아 호수의 수위는 이른 봄에 잔뜩 높아졌다가 갈수기인 여름에는 10여 m 이하로 낮아진다.

하바니아 호수

　팔루자에서 서쪽으로 60km 거리를 계속 나가면 이라크 중서부 사막지대의 중심이 되는 대도시이며 이 지역을 관할하는 안바르 도의 도청 소재지 라마디(Ramadi)가 있다. 이 도시는 서기 1870년 경 오토만 터키가 이 지역을 지배하던 시대에 바그다드 총독이었던 마핫 파샤(Madhat Pasha)의 지시에 의해 건설되었다고 하니 도시의 역사는 오래 되었다고 할 수 없다.

　푸른 유프라테스 강이 도시 주위를 감싸 흐르며 도로변을 따라 우산처럼 잎을 드리우고 늘어서 있는 대추야자 밑을 흰 가운을 걸친 남자와 검은 차도르를 드리운 여인이 나란히 걸어가는 정경은 한 폭의 이국적인 그림이 아닐 수 없다.

히잇

　히잇(Heet)은 고대 아시리아 시대에 '이잇'으로 불린 오랜 역사의 도시로서 중류 유프라테스 서쪽 강변에 자리잡고 있다. 니므룻,

코르시바드, 니네베 등 아시리아 왕궁의 조각과 부조의 재료로 사용된 녹암석이 바로 이 곳에서 채취된 것이라고 한다.

종래에는 히잇에서 서북쪽 시리아 국경지대의 알 카임까지 유프라테스 강을 따라 협궤열차가 운행되었는데 이 철로는 근래 새로이 부설된 현대식 전철로 교체되었다. 그 중간 교차역인 하디타에서는 현대와 정우개발 컨소시엄이 시공한 길이 250km의 전철이 동북쪽 키르쿡까지 운행된다.

강변으로 통하는 시장 입구에 들어서자 지나던 중년 남자가 내 팔을 잡고 도로 옆 검은 웅덩이로 간다. 웅덩이에서는 외양간 거름통처럼 석유가스가 부글부글 끓는다. 그가 한 곳에 라이터를 켜 대니 푸른 불이 치솟아 오른다.

히잇의 도시 명물로 특기할 만한 것으로 유프라테스 강물 위에 걸어 놓았던 여러 개의 대형 물레방아 터가 있다. 이것은 물레방아가 돌아가면서 강물을 퍼 올리면 그 물이 관개수로를 따라 흐르면서 농업용수로 사용되도록 했던 양수시설이었다. 지금은 물레방

여러 개의 대형 물레방아로 유프라테스 강의 물을 끌어올려 농업용수로 사용했던 히잇의 물레방아 터

아의 모습은 찾을 수 없고 그 터만 강물 위에 남아 있다. 옛 물레방아 터에서 바라보는 유프라테스의 맑고 푸른 강물과 그 주위에 우거진 숲의 아름답고 평화로운 경관은 그대로 한 폭의 그림을 보는 듯한 느낌이다.

시리아 사막

라마디 서쪽 240km 떨어진 사막 휴게소 툴리아하를 지나면 도로가 완만한 경사면을 이루면서 오르기 시작하여 시리아 사막의 관문인 서부 변경도시 루트바(Rutba)에 이르러 해발 900m의 고원지대가 된다. 여기부터는 여기저기 산과 산줄기가 나타난다. 이들 산을 유심히 살펴보면 꼭대기에서 밑 부분에 이르기까지 한결같이 미세한 나이테 모양의 무늬를 띠고 있다. 이것은 태초에 일어났던 지각 변동으로 당초 바다 밑이었던 해상이 점진적으로 솟아오를 때 물이 빠져 내리면서 만들어진 침식 작용의 흔적이다. 지금도 이 지역에서는 산호석과 거북이 알의 화석이 적지 않게 발견된다.

루트바 주변은 4만 년 전 구석기 시대 유물이 출토된 바 있어 아

해발 900m 고원 루트바 근교의 침식 구릉지대

주 오랜 원시시대부터 이 지역이 인간들의 생활터전이었음을 말해 준다.

이 지역은 여름철 한낮의 기온이 보통 섭씨 48도가 되는 바그다드와 같은 위도상에 있으면서도 기온이 이보다 섭씨 5도 가량 낮아서 여름철 최고기온이 섭씨 42.5도, 겨울철 최저기온은 영하 7도가 된다. 강우량은 매우 적어서 6월부터 9월까지 4개월간은 거의 비가 내리지 않으며 1월에 1회, 11월에 8회, 그 밖의 달에는 월 평균 4회 정도 소량의 비를 뿌린다.

바그다드－루트바－요르단을 잇는 10번 국도는 80년대 말까지만 해도 석유를 실어 나르는 요르단 탱크로리와 화물차, 버스와 각종 차량들로 매우 붐비던 도로였다. 그러나 1990년 고속도로 개통 이후 거의 모든 차량들이 고속도로를 이용하면서 차량 통행이 뜸해졌고 걸프 사태 이후에는 차량 통행이 실종되어 빈 도로를 홀로 몇 시간씩 주행하다가 오전 오후에 각각 서너 대의 차량을 구경할 수 있을 정도로 상황이 변해 버렸다.

루트바 서쪽 교외를 벗어나면 망망광야의 시리아 사막이 시작된다. 주위에 인적은 물론 풀 한 포기 돌덩이 하나 그 무엇 눈에 띄는 장애물도 굴곡된 지표면도 없다. 탁 트인 하늘과 대지, 그리고 바람에 옷깃을 날리며 이 곳에 홀로 서 있노라니 머리에 문득 한 구절이 떠오른다. "천상천하 유아독존." 바로 지금 내가 실감하는 구절이 아니던가.

성경에 의하면 예수께서 광야에서 40일간의 금식과 시험을 거쳤다 하였으니 이러한 광야가 아니라면 어찌 그것이 가능했겠는가. 천지간에 대자연의 한가운데 조용히 앉아 있노라면 저절로 우주 삼라만상의 이치를 생각지 않을 수 없으니 진리를 찾아 참선함에 이보다 더 좋은 장소는 없으리라.

한 점 걸릴 것 없는
시리아 사막의 평지

어린 시절 나는 사막의 여우라는 별칭을 갖고 있는 2차 세계대
전 당시의 독일 명장 에르윈 롬멜과 이 곳 시리아 사막에 얽힌 일
화를 읽은 적이 있다. 그 내용은 이러했다.

롬멜의 기갑부대가 전황이 불리하여 후퇴하는 길에 이 곳 시리
아 사막을 지날 때의 일이었다. 전선에서 멀리 이 사막으로 빠져나
온 그의 부대는 한숨을 돌린 후 장비와 차량을 수리할 겸 새로운
명령을 기다리며 사막에서 며칠 머물기로 했다. 그러던 어느 날 정
찰대가 긴급 상황을 보고해 왔다. 40km 밖에 영국군 전차 100여 대
가 진격해 오고 있다는 것이다. 40km라면 1시간 이내에 당도할 수
있는 거리다.

이 때 롬멜의 부대는 명칭만 기갑부대일 뿐 움직일 수 있는 전
차는 7대뿐이었다. 그 밖에 화물차 등 차량이 30여 대 있었다. 도저
히 상대가 될 수 없었다. 사막에서 숨을 곳도 없었다. 무엇보다도
생각할 시간조차 없이 상황이 너무 촉박했다. 롬멜 기갑부대원 장
병들이 사는 길은 신속히 항복하여 포로가 되는 길밖에 없는 것처

럼 보였다.

이윽고 영국군 전차부대가 지평선을 넘어 다가왔다. 롬멜은 옆 차간의 간격을 넓게 떼어 놓고 적진을 향하여 7대의 전차를 돌진시켰다. 그리고 바퀴 달린 모든 차량을 모아 맹렬한 속력으로 질주하여 커다란 원을 그리며 돌진하는 전차의 뒤를 바짝 따라가게 했다.

한편 영국군 쪽에서는 전차부대 지휘관이 망원경으로 조심스럽게 롬멜 부대의 동정을 살피고 있었다. 그런데 지평선 저쪽에서 온 천지를 먼지로 까맣게 뒤덮으며 수백 수천의 독일군 전차부대가 돌진해 오고 있는 것이 아닌가. 분명히 정찰보고에는 소수의 독일군 패잔부대가 있는 것으로 되어 있었는데 무언가 중대한 착오가 있는 것임에 틀림없었다. 어쩌면 롬멜의 술수에 말려들어 바다를 건너서 여기까지 힘겹게 끌고 온 100여 대의 소중한 전차들이 사막 위에서 전멸할지도 몰랐다. 더 이상 지체할 여유가 없었다.

영국군 지휘관은 총 퇴각령을 내렸다. 그리고 영국 전차부대는 단숨에 수백 km를 퇴각했다. 이리하여 롬멜은 부대를 수습하여 안전하게 달아날 수 있었다. 며칠 후에 돌아와 이 사실을 안 영국군 지휘관은 발을 구르며 분해했으나 이미 어쩔 수 없었다는 것이다.

이 이야기 가운데 모래먼지로 인하여 탱크와 화물차의 구분이 안 되고 그 대수조차 구분이 안 되었다는 것은 납득할 수 있는 대목이 아니었다. 한강 백사장을 질주하던 모래 트럭이 모래 먼지에 가려서 화물차와 탱크를 구분하지 못하고 10대와 100대를 구분할 수 없었던 적은 없었다. 그래서 그저 그런 얘기가 있었거니 하고 생각했었다. 그러나 실제 이 곳에 도착해 보니 그게 아니었다. 시리아 사막의 모래는 한강 백사장의 모래와 달랐다.

소리없이 미끄러져
오는 할라스

  이 곳 모래는 융기된 해상(海床)의 갯벌이 오랫동안의 건조와 산화 작용에 의하여 붉은 분가루 모양의 분상토사(粉狀土砂) 형태로 쌓인 것이어서 차량 몇 대가 사막 위를 휘젓고 돌아다닌다면 대지는 온통 먼지로 뒤덮여 그 먼지 속에 무엇이 있는지 분간할 수 없게 되어 있다. 굳이 차량이 아니라도 바람만 세게 불어도 모래먼지가 날려 앞을 구분할 수 없는 형편이다.

  그래서 이 지역에서는 여름철 특유의 기상현상으로 속칭 '할라스 폭풍'이라고 불리는 광란의 사풍(砂風)을 매년 3, 4회 겪는다. 이 폭풍은 처음에 멀리 서쪽 지평선 위로 정겨운 목화송이처럼 그 모습을 드러낸다. 그리고 부드러운 솜이불을 지평선에 깔아 놓은 듯 뭉게뭉게 모래구름이 피어 오르기 시작한다. 이 구름은 소리도 없고 움직임도 부드럽다. 마치 신부가 문지방을 넘어 다가서듯 한다.

  그러나 그 실체는 겉보기와 딴판이다. 뭉게구름이 땅 위에서 기어오는가 생각하는 순간 구름은 거대한 태산처럼 눈앞에 닥쳐 들고 이어서 순식간에 모든 것을 덮쳐 버린다. 구름 속에는 짙은 모

사막의 황혼

래먼지가 요란한 굉음을 내며 몰아치고 문짝은 미친 듯 흔들리며
가재도구는 공중으로 날아가 버린다.

모래먼지가 한순간에 대지를 뒤덮으면 태양은 사라지고 세상은
한순간에 암흑과 혼돈 속에 빠져 이 세상의 종말이 닥쳐온 듯한
느낌이다. '할라스'란 아랍어로 종말을 의미한다.

지금까지 거쳐 온 지역에서 메소포타미아 문명이 꽃피운 시대
는 오랜 옛날에 이미 역사 속으로 사라져 버렸으나 이 문명은 시
리아 사막을 통하여 유럽으로 건너가 인류문명의 굳건한 토대가
되었고 중요한 자산이 되고 있다. 그러나 근래 이 지역의 정치·경
제적 사정은 정체의 늪을 벗어나지 못하여 그 주민들은 장기간 지
속된 궁핍과 불안과 갈등으로 고통받고 있다. 이 지역에 하루 빨리
정치·경제적 안정이 이루어지고, 그 주민들이 긴 어려움에서 벗
어나 평화와 안정과 희망 속에서 21세기를 맞기를 바라며 여기서
나의 답사여행을 끝맺는다.

저자 정진국은 1946년 8월 9일생으로 방송통신대학 농학과를 졸업하고 1984년까지 병무청, 서울시, 원호처에서 15년간 근무하였다. 1986년부터 1991년까지 현대건설의 이라크 건설현장에서 일하는 틈틈이 메소포타미아 유적지를 답사하고 이 글을 집필하였다.

인류 문명의 발상지

메소포타미아를 찾아서

정 진 국 지음

초판 1쇄 인쇄 · 1999년 4월 22일
초판 1쇄 발행 · 1999년 4월 28일

발행처 · 도서출판 혜안
발행인 · 오일주
등록번호 · 제22-471호
등록일자 · 1993년 7월 30일
121-210 서울 마포구 서교동 326-26
전화 · 02) 3141-3711, 3712
팩시밀리 · 02) 3141-3710

값 9,000원

ISBN 89-85905-76-7 03210